한국식생활문화사

동북아역사재단
교양총서 33

한국 식생활문화사

· 한국인의 식 관념 · 밥과 쌀 · 끼니와 식사량 · 면류 음식 · 김치

· 향신료 · 고기와 생선 · 기근과 구황식품 · 술 · 수저와 소반

정연식 지음

동북아역사재단
NORTHEAST ASIAN HISTORY FOUNDATION

간행사

　우리나라를 둘러싼 동북아 지역의 역사 갈등은 여전히 한창이고, 점차 심화되고 있습니다. 동북아역사재단은 2006년에 동북아 지역의 역사 갈등을 미래지향적으로 해결하고, 나아가 역내 평화체제를 구축하려는 목적으로 출범하였습니다. 이때는 항상 제기되고 있던 일본의 역사 왜곡에 더하여 고구려, 발해 역사를 둘러싸고 중국과 역사 분쟁이 일어났습니다.

　한국과 일본 사이의 역사 문제는 19세기 말 일제의 침탈과 식민지배 때부터 있어 왔습니다. 지금도 일제의 식민지배에 대한 진정한 사죄와 일본군'위안부' 문제, 강제동원과 수탈, 독도영유권 등을 둘러싸고 논쟁과 외교 마찰이 일어나고 있습니다.

　중국은 개혁·개방 이후 급속한 경제발전을 이루면서 체제를 안정시키고 선린외교에 주력하였으나, 주변국과의 관계에서 주도권을 잡고자 하는 과정에서 자연스럽게 역사 문제를 둘러싸고 이웃과 대립하게 되었습니다. 그중 동북3성 지역의 역사에 대해서는 이른바 '동북공정'을 통하여 중국 영토 안에서 일어났던 역사를 모두 자기 역사 속에 편입하고자 하여 우리의 고대사 고조선, 부여, 고구려, 발해 등와 충돌하게 되었습니다.

우리 재단은 이런 역사 현안을 우리 입장에서 연구하면서, 다른 한편으로 우리 국민이나 다른 나라 사람들이 우리의 연구 결과를 같이 공유하고, 이를 쉽게 알 수 있도록 교양 수준의 책을 출간하게 되었습니다. 한·중·일 역사 현안인 독도, 동해 표기, 일본군'위안부', 일본역사교과서, 야스쿠니신사, 고조선, 고구려, 발해 및 동북공정 관련 주제로 우리 재단 연구위원을 중심으로 재단 외부 전문가들로 필진을 구성하였습니다.

모든 국민이 이 교양서들을 읽어 역사·영토 현안을 올바르게 인식하고 나아가 우리가 동북아 역사 갈등을 주도적으로 해결하여 평화체제를 이룩하는 데 주역이 되기를 바랍니다.

동북아역사재단
이사장

머리말

　우리 문화는 우리 조상의 사고방식과 행동 양식이 누적된 총체적 결과물이다. 그런데 주변을 살펴보면 한옥에서 한복을 입고 살아가는 사람이 거의 없다. 의생활과 주거생활은 산업화와 함께 거의 서양식으로 바뀌었다. 그러나 식생활은 그렇지 않다. 오랫동안 감각 기관에 접촉되어 익숙해진 시각, 청각, 후각, 미각, 촉각은 새로운 것을 쉽게 받아들이려 하지 않거니와 미각은 오감 중에도 매우 보수적이다. 우리 식생활이 지금까지 보존되어 올 수 있었던 것은 그 때문이다. 불과 몇십 년 사이에 햄버거와 피자가 우리 입맛을 크게 바꾸어 놓았다고는 하지만, 그런 것을 어쩌다 먹을 수는 있어도 매일 먹을 수는 없다. 하지만 밥과 김치와 된장찌개는 아직도 굳건하게 우리 식탁을 지키고 있다.

　그러므로 우리 문화의 원형과 정수는 오랜 세월 우리와 함께해 온 식생활에 남아 있다고 할 수 있다.

19세기 독일의 철학자이자 인류학자 포이에르바흐[L. Feuerbach]는 "사람이란 그가 먹는 것이다[Der Mensch ist was er isst]"라는 말을 남겼다. ist[is]와 isst[eats]의 발음이 같은 것을 이용하여 식食이 사람의 정체성을 형성한다는 것이다. 즉 고유의 문화는 고유의 인간을 만들어내는데, 그 고유문화 가운데 가장 대표적인 것이 '식'이라는 말이다. 그러므로 우리 식생활의 탐구는 우리 문화의 정체성을 찾아가는 길이다.

이 책에서는 우리의 식생활 문화를 우리의 지리적 조건, 역사적 변천 과정, 문화적 특성과 연결지어 이야기하려 한다. 그런 점에서 몇 가지에 중점을 두었다.

첫째로 식재료의 선택과 조리 방법은 당연한 관심사이지만 그에 머물지 않고 식재료를 어느 곳에서 어떻게 조달하고 어떻게 보관했는지에도 관심을 기울여 폭넓은 시각을 갖도록 애썼다. 둘째로 비교문화론의 관점에서 우리 식생활의 보편성과 특수성을 이해하는 데 주력했다. 음식, 식사 도구, 식생활 습관에 대해 중국, 일본과의 비교는 물론이고 필요하다면 서양과의 차이점과 공통점에 대해서도 언급하였다. 식해와 스시, 밥상과 식탁, 포크와 젓가락, 점심과 런치의 역사적 연원은 흥미로운 이야깃거리가 될 것이다. 셋째로 음식 이름의 정확한 정의와 유래를 밝히는 것에도 일부를 할애했다. 예컨대 김치를 지칭하는 '지', 쌀밥을 뜻하는 '이밥', 꼬치구이 설리적의 '설리'라는 말은 그 본래 모습과 기원에 관해 중요한 정보를 품고 있다.

위의 세 가지에 유의하면서 한편으로는 이 책을 색다른 방식으로 쓰고자 했다. 우리나라 식생활에 관해서는 전문적인 학술서적도 많고 대중적인 교양서적도 엄청나게 쏟아져 나와 있다. 그러므로 다른 저술들과 차별화된 내용을 담는 데 유의하지 않을 수 없었다. 그래서 일관된 형식에 구애되지 않기로 했다. 전문성과 대중성을 부분적으로나마 동시에 담아내기 위해 새로운 이야기나 재미있는 일화를 군데군데 넣기도 하고, 필요하다고 생각되면 쉽지 않은 설명을 담기도 했다.

이 책이 조금이라도 독자들의 지적 욕구를 충족시키면서 신선한 흥미를 불러일으키게 되기를 바란다.

2024년 6월 7일
수락산 기슭 별내동 집에서

차례

머리말 6

제1장 한국인의 식(食) 관념
먹는 일의 무게 14
먹는 생각으로 가득 찬 우리말 18

제2장 밥과 쌀
밥상의 주인, 밥 28
주식 쌀과 백미밥 35
북부의 잡곡과 조밥 56
남부 여름 한철의 보리밥 62
벼농사의 배경과 영향 67

제3장 끼니와 식사량
아침저녁 두 끼와 점심 74
부잣집의 겨울철 이른밥과 손님의 낮것 81
하루 두 끼에서 세 끼로 84
조선 사람의 대식 91

제4장 면류 음식
밀가루와 메밀가루의 공조 98
면(麵)과 병(餠)의 혼란 105
국수와 수제비, 그리고 나화 108
비슷하지만 다른 만두와 상화 122

제5장 김치
채소절임의 종류와 기원 130
주재료 채소의 변동 136
절임 김치에서 양념 김치로 143

	젓갈 섞은 섞박지의 확산	146
	김치의 두 이름, 딤채와 디히	154

제6장 향신료
마늘, 산초와 후추	162
고춧가루가 일으킨 획기적 변화	170

제7장 고기와 생선
저조했던 육류 소비	176
가축의 고기보다 야생동물의 고기	193
생선과 식해, 젓갈	200

제8장 기근과 구황식품
만성적 기근	220
초근목피와 갖가지 구황식품	225
옥수수, 고구마의 느린 확산과 감자의 약진	230

제9장 술
달라진 술 문화	242
흐린 탁주와 맑은 청주	246
아랭이술 소주	252
금주령	258

제10장 수저와 소반
숟가락과 젓가락	264
소반과 독상 차림	276

맺음말	282

미주	290
참고문헌	296
찾아보기	301

제1장

한국인의 식(食) 관념

먹는 일의 무게

—

먹는 생각으로 가득 찬 우리말

먹는 일의 무게

모든 생명체는 기본적으로 두 가지 커다란 욕구를 지니고 있다. 하나는 설명이 필요 없는 생존의 욕구이다. 그러나 아무리 살아남고자 발버둥쳐도 죽음을 피할 수는 없다. 그러므로 흔적 없이 허망하게 사라지는 것이 아쉬워 자신의 DNA라도 남기고 가려 한다. 이것이 종족보존의 욕구다.

 인간도 예외는 아니다. 인간의 생존욕과 종족보존욕은 식욕과 성욕으로 나타난다. 살기 위해서는 먹어야 하고 종족을 보존하기 위해서는 짝을 만나야 하기 때문이다. 그래서 『예기』 예운禮運에서는 식욕과 성욕을 음식남녀飮食男女로 표현하여, 음식과 남녀는 사람이 크게 바라는 것이라고 했다. 한편

『맹자』 고자장구告子章句에서 고자告子는, 인간의 본성이 인의仁義라는 성선설을 주장하는 맹자의 말을 반박하면서, 인간의 본성에는 선악이 없으며 '식색食色', 즉 식욕과 성욕이 인간의 본성이라고 했다.

하지만 성욕은 식욕과 어깨를 나란히 하지 못한다. 생존의 욕구는 종족보존의 욕구와 비교가 안 될 만큼 강하기 때문이다. 이에는 구구한 설명이 필요 없다. 하루만 굶어보면 저절로 깨닫게 된다.

정약용은 전라도 강진에서 귀양살이할 때 지은 '발묘拔苗'라는 시에 특별히 배경 설명을 달았다. 혹심한 가뭄으로 논의 모가 말라버리자 농부들이 모내기를 포기하고 모를 뽑아 버리면서 통곡하는 소리가 온 들에 가득했다. 이때 쑥대머리 아낙네가 논바닥에 주저앉아 될 수만 있다면 자식 셋 가운데 하나를 죽여서라도 비 한 번 쏟아지게 해 달라고 빌고 싶다고 하늘을 향해 목놓아 울었다 한다. 종족보존의 욕망도 생존의 절박함 앞에서는 무기력하다.

먹을 것은 충족하다 못해 넘쳐나고, 다양한 문화생활과 여가 활동도 즐기면서 살아가는 현대인들은 먹을 것이 얼마나 귀한지 가끔 잊고 산다. 하지만 일상적인 기근의 공포에 노출되어 있던 옛사람들에게 먹을 것의 풍성함은 간절한 소망이었다.

그래서 사마천은 『사기』 역생육가열전酈生陸賈列傳에서 역이기酈食其의 입을 빌려, 왕은 백성을 하늘로 여기고 백성은 밥을 하늘로 여긴다고 했다. 이 말은 가뭄으로 논바닥이 갈라지거나, 큰 기근이 들었을 때 유교를 정치이념으로 삼았던 고려, 조선의 왕과 신하들이 자주 들먹이던 말이다.

이런 관념의 흔적은 유교만이 아니라 다른 종교에서도 찾을 수 있다. 예수는 가버나움에서 만난 백부장百夫長의 남다른 믿음을 칭송하기를 '또 너희에게 이르노니 동서東西로부터 많은 사람이 이르러 아브라함과 이삭과 야곱과 함께 천국에 앉으려니와'마8:11라고 하였다. '앉으려니와'로 번역된 말의 헬라어 본뜻은 '기대어 누우려니와'이다. 그것은 유대인의 식사 자세를 묘사한 것으로 중근동中近東, 그리스, 로마의 상류층은 식사 때에 침대처럼 기다란 의자에서 한쪽 팔꿈치를 괴고 비스듬히 기대어 누워서 음식을 먹었다(그림 1). 그러므로 마태복음의 말은 가버나움의 백부장이 먹을 것이 풍성한 천국의 잔치에 초대되리라는 말이다.

이슬람교 경전에서도 아름다운 천상 낙원에는 젖과 맑은 꿀과 달콤한 술이 흐르고 나무에는 온갖 탐스러운 과일이 풍성하다고 했다.

한편 메시아의 강림을 예언한 불교 『미륵하생경彌勒下生經』

그림1 술 마시는 남자(기원전 5세기), 이스탄불고고학박물관

에서는 56억 7천만 년 후에 미륵Maitreya이 도솔천에서 이 땅으로 내려와 세상을 정화하면 '비가 때맞추어 흠뻑 내려서 곡식이 풍성하게 자라고 잡초가 나지 않으니 한 번 심어 일곱 번 수확할' 것이라고 했다. 때맞추어 흠뻑 내리는 비, 그것은 한 번 심어 한 번도 수확하지 못하게 된 강진의 한 아낙네가 애절하게 원했던 것이다.

먹는 생각으로 가득 찬 우리말

옛사람에게 먹는 일은 가장 중요한 일이었고, 풍족한 먹을 것은 누구나 바라는 바였다. 하지만 그런 사정을 감안하더라도 우리 선조들은 먹는 일에 유달리 집착했다. 그래서 먹는다는 말을 온갖 일에 끌어다 붙였다.

우선 다른 말에 덧붙여 색다른 의미로 썼다. 날로 먹고, 찜쪄먹고, 붙어먹고, 떼어먹고, 뜯어먹고, 말아먹고, 잊어먹고, 부려먹는다는 말이 그렇다. 입에 넣을 수 없는 것도 먹었다. 마음먹고, 귀먹고, 나이도 먹고, 욕도 먹고, 겁도 먹었다. 겁먹었다는 '식겁食怯'은 400년 전 신흠申欽의 시에도 보인다.[1] 그것만이 아니다. 여자들은 화장이 잘 먹는다고 기뻐하고, 목수

들은 대패가 잘 안 먹는다고 투덜대며, 축구 선수는 한 골 먹었다고 탄식한다.

즐거움과 괴로움도 먹는 맛으로 표현하여, 많은 일을 겪고 나서는 쓴맛 단맛 다 보았다고 하고, 미운 상대에게는 매운맛을 보여 주겠다고 하고, 큰 고난에 빠져서는 죽을 맛이라고 한다.

사람 다루는 것도 음식을 요리하듯 한다. 귀찮게 괴롭히는 것을 들들 볶는다고 하고, 잘 구슬려 꾀는 것을 구워삶는다고 하며, 남의 속뜻을 슬그머니 탐지하는 행위는 간 본다고 한다.

그런데 그보다 더 흥미로운 것은 '아침, 저녁'이라는 말이다. 유럽은 물론이고 가까운 중국과 일본에서는 식사를 가리키는 말이 때를 가리키는 말과 별개로 있다. 아침밥, 저녁밥을 중국인들은 자오판早飯, 완판晩飯이라 하고, 일본인들은 아사고한朝ご飯, 반고한晩ご飯 또는 유고한夕ご飯이라 한다. 그런데 우리는 식사를 뜻하는 아침밥, 저녁밥을 때를 가리키는 아침, 저녁이라는 말로 대신한다. 거꾸로 때를 식사로 표현하기도 한다. 점심때 보자는 말의 의미는 만나서 꼭 점심을 먹자는 것이 아니라 정오쯤에 만나자는 말이다. 때와 식사를 우리만 유달리 뒤섞어 쓰고 있다.

이런 특이한 언어 습관은 근래에 생겨난 것이 아니다.

500년 전에 출간된 우리나라 최초의 초학자 어린이용 한자 사전 『훈몽자회訓蒙字會』(1527)에서는 '時'를 '*㴹니*끼니 시'라 풀이하였다. 기이하게 생각되겠지만 과거로 거슬러서 보면 이상한 일이 아니다. 시간을 가리키는 '때'와 식사를 가리키는 '끼, 끼니'가 당시에는 같은 말이었기 때문이다. 그리고 그 흔적이 지금까지도 그대로 남아서 하루 삼시三時 세끼를 삼시 세 때라고도 한다.

'때'와 '끼'는 쌍형어雙形語: doublet이다. 쌍형어란 모양은 다르지만 같은 뿌리에서 갈라져 나간 한 쌍의 말을 가리킨다. 본래는 하나의 말이었는데 사회가 복잡해지고 물건도 다양해지면서 둘 이상의 뜻으로 쓰이다가 결국은 비슷한 모양으로 갈라져 각각 다른 뜻으로 쓰이게 되었다. 대표적인 것이 영어의 shirt셔츠와 skirt스커트이다. 간단하게 몸에 두르고 다니던 기다란 옷이 나중에 상의와 하의가 분리되면서 상의는 셔츠가 되고 하의는 스커트가 된 것이다. 이것 말고도 아버지 papa파파와 교황 pope포우프가 그러하며, 우두머리 chief치프와 주방장 chef셰프도 마찬가지다. 우리말에도 쌍형어가 적지 않다. 남다와 넘다, 낡다와 늙다, 나이 살과 새해 첫날 설이 모두 쌍형어이다.

위의 예에서 보듯이 쌍형어는 같은 뿌리에서 나왔으므로

글자 모양이 비슷하다. 그런데 때와 끼는 모양이 서로 다르다. 하지만 오래전에 때의 고어는 '삐'이고, 끼, 끼니는 '쁴, 쁴니'로서 모양이 비슷했다. 그리고 실제로 두 말이 같은 뜻으로 통용되었다. 『석보상절』(1447)에서는 '아이 때부터 깊은 산에 있어'를 '아히 쁴브터 深山심산애 이셔'로 썼고, 초간본 『두시언해』(1481)에서는 '강의 버들잎이 때아닌 적에 폈고'를 'ᄀᆞᄅᆞ맷 버들니피 쁴니 아닌 저긔 폣고'로 썼다. 이 경우의 쁴, 쁴니는 분명 때時를 가리키는 말이다. 그러다 보니 '아침'을 '해 뜨는 때'와 '해 뜨는 때의 식사' 두 가지 뜻으로 썼고 지금도 그렇게 쓰고 있다.

이런 오랜 관념은 우리 인사말에도 남아 있다. 영국인들은 아침, 저녁 인사로 '굿 모닝Good morning, 굿 이브닝Good evening' 하고, 중국인들은 '자오샹하오早上好, 완샹하오晚上好'라고 하며, 일본인들은 '오하요お早う, 곤방와今晩は'라고 한다. 인사말에 모두 때를 가리키는 말이 들어간다. 그런데 우리 인사말에는 왜 때가 없을까?

하지만 사실은 없는 것이 아니라 우리가 알아차리지 못하고 있을 뿐이다. 예전 사람들은 "진지 잡수셨습니까?", "밥 먹었니?" 하는 말을 인사말로 자주 사용했다. 이는 하루하루 끼니를 걱정해야 했던 시절에 나온 말로 알고 있지만 잘못된 생각이다. 과거에 우리나라가 끼니 걱정을 할 만큼 가난했다는 것을 부인할 수는 없지만 농업생산력이 미약했던 전근대사회에서 생존을 위협하는 식량의 부족은 어느 나라나 마찬가지였다. 우리나라 사람들에게 밥 먹었느냐는 인사는 아침에 하면 아침밥 먹었느냐는 말이고, 저녁에 하면 저녁밥 먹었느냐는 말이다. 끼니로 때의 인사를 한 것이다. 누차 말했듯이 우리는 끼니와 때를 같은 말로 사용했다. 우리나라 사람들은 시간의 흐름을 끼니의 연속으로 이해한 것이다.

독특한 사고체계는 사물의 이름에도 투영되어 먹을 수 있는 것과 못 먹는 것에 차등을 두었다. 대표적인 것이 참꽃과 개꽃이다. 봄에는 꽃부터 피고 잎이 피는 진달래가 꽃을 피우고, 진달래꽃이 질 때쯤이면 잎이 나고 꽃이 피는 철쭉이 산야를 장식한다. 둘을 비교하자면 아름다움에서 진달래는 철쭉의 적수가 되지 못한다. 철쭉은 워낙 아름다운 탓에 영산홍, 자산홍, 백영산처럼 개발된 변종도 여럿이 있고, 에도시대에 정원수로 유행했던 기리시마霧島는 지금도 인기가 있다.

조선시대에는 왜철쭉이라 부르던 영산홍은 1441년세종 23에 일본에서 몇 그루를 보내와 처음으로 구경하게 되었다. 세종의 처조카였던 강희안은 상림원上林園에 심어 둔 왜철쭉을 두어 뿌리 얻어다가 질그릇 화분에 심어 두고 '풍성하고 진한 화사함으로, 붉은 비단을 펼쳐놓은 듯 흐드러진' 자태를 바라보며 과분한 호사를 누렸다는 기록을 『양화소록養花小錄』에 남겼다. 진기한 동물과 아름다운 꽃의 수집에 탐닉했던 연산군도 팔도에 영을 내려 왜철쭉의 꽃이 시들지 않게 뿌리에 흙을 붙인 채로 서울로 올려보내도록 했었다.

그런데 그 예쁜 철쭉꽃은 개꽃이라 부르고, 그보다 못한 진달래꽃은 참꽃이라 부른다. 진달래꽃은 먹을 수 있지만 철쭉꽃은 못 먹기 때문이다. 철쭉이라는 말은 양이 보면 독이 두려워 발걸음을 머뭇거린다는 뜻의 양척촉羊躑躅을 줄인 '척촉'의 변음이다. 철쭉꽃에는 독소가 있어서 먹으면 호흡곤란과 구토에 심하면 목숨을 잃을 수도 있다. 그러니 개꽃인 것이다.

철쭉만 그런 것이 아니다. 나리도 마찬가지이다. 알뿌리를 찌거나 구워서 먹고 어린 순을 나물로 먹는 나리는 참나리이고, 꽃도 뿌리도 못 먹는 나리는 개나리이다. 개살구는 보통 살구보다 빛깔도 좋고 모양도 탐스러우나 맛은 떫고 시다. 그래서 겉만 번드르르하고 실속이 없는 것을 빛 좋은 개살구라고 했다. 참가죽나무라고도 하는 참죽나무는 두릅처럼 어린 순이나 잎을 나물로 무쳐 먹기도 하고 부각으로 만들어 먹기도 하는데 그와 비슷하게 생긴 못 먹는 가죽나무는 개가죽나무라 부른다.

그뿐만이 아니다. 아름다움도 궁극적으로는 입안의 미각으로 검증되어야 한다고 생각했다. '멋'이라는 말도 '맛'에서 갈라져 나온 쌍형어이다. 아름다운 멋은 먹어서 흡족한 느낌을 주는 맛에서 우러난다고 생각했다.

그런 관념은 예전에 밥상을 장식했던 꽃에서도 드러난다. 서양이나 일본에서는 식탁이나 밥상에 생화를 올려놓았다. 그러나 조선에서는 그러지 않았다. 밥상을 장식하는 상화床花나 큰 잔치 때 항아리에 꽂아 장식하는 준화樽花는 생화를 쓰지 않고 비단, 모시, 종이, 밀랍 등으로 만든 채화綵花를 썼다.

그리고 정작 예쁜 생화는 먹었다. 봄에는 녹말가루를 종잇장처럼 얇게 익혀서 가늘게 채 썬 다음 오미자국에 넣고 잣과 진달래꽃을 띄워 화채花菜를 만들어 먹었다. 아니면 진달래 꽃잎에 녹말을 고루 묻혀 끓는 물에 데쳐 낸 것을 꿀 넣은 오미자국에 넣고 잣을 띄워 화면花麵을 만들어 먹었다. 꽃잎을 찹쌀 반죽에 올려놓고 기름에 지져 먹는 화전도 계절마다 있었다. 허균은 『도문대작屠門大嚼』에서 서울의 계절 음식으로 봄의 진달래꽃으로 만든 두견전杜鵑煎, 배꽃을 넣은 이화전梨花煎, 그리고 여름의 장미전薔薇煎, 가을의 국화병菊花餅을 들었다.

꽃의 아름다움은 먹어서 완성된다. 원추리꽃, 진달래꽃은 물론이고 복숭아꽃, 살구꽃, 매화, 국화는 그래서 사랑받는 꽃이었다. 그중 일부는 화전을 부쳐 먹기도 하고, 항아리의 누룩과 지에밥 사이에 켜켜로 넣어 백화주百花酒를 담가 먹기도 했다.

우리 조상들이 워낙 풍족하게 먹지 못해서 이런 일들이 생겼을까? 아니다. 처음부터 풍족함을 누렸던 민족은 지구상에 없다. 먼 과거로 돌아가 그 이유를 확인해 볼 방도는 없지만, 분명한 것은 우리의 식에 대한 관념이 매우 특이했고 그것이 아주 오래전에 형성되었다는 것을 확인할 뿐이다.

제2장

밥과 쌀

밥상의 주인, 밥

주식 쌀과 백미밥

북부의 잡곡과 조밥

남부 여름 한철의 보리밥

벼농사의 배경과 영향

밥상의 주인, 밥

우리 음식은 서양 음식과는 달리 주식과 부식이 확연히 구분된다. 주식인 밥은 곡물로 지으며, 곡물은 우리 몸에 필요한 탄수화물, 단백질, 지방과 같은 기본 영양소를 공급하는 중요한 역할을 한다.

한의학에서는 정精과 기氣를 육체적인 활동 에너지의 근원으로 보아 정력이 세다, 기가 허하다는 말을 쓴다.[2] 그 정과 기는 사람이 섭취한 곡식이 만들어 낸다고 한다. 그래서 글자에 껍질 벗긴 곡식을 뜻하는 '미米'가 들어간다는 말도 있다. 사람은 밥심으로 산다고 하지 않았던가? 밥은 에너지의 원천이다.

황윤석은 『이재난고頤齋亂藁』의 1767년 11월 13일 일기에서

"명란젓과 파김치를 반찬으로 흰죽을 먹었다"라고 썼다. 이때 '반찬으로'라는 뜻으로 쓴 한자가 佐좌이다. '佐'는 '돕다, 보좌하다'를 뜻하는 글자다. 조선시대 기록에 보이는 더덕좌반山蔘·沙蔘佐飯, 참새좌반雀佐飯, 표고좌반蔈古佐飯의 좌반佐飯은 모두 '밥을 보좌하는' 반찬이라는 뜻이며, 콩자반이나 자반고등어의 '자반'도 본래 좌반이 변형된 말이다. 밥은 모든 음식의 주인이다.

밥을 짓는다는 것은 곡물을 호화糊化: gelatinization하는 것을 의미한다. 잘 씻은 곡물을 일정 시간 물에 불렸다가 솥에 담아서 적당량의 물을 붓고 오래 가열하면 곡물의 알갱이가 부풀어 점성이 생기면서 맛도 좋고 소화도 잘된다. 밥의 질은 밥 짓는 과정에서 물의 양, 가열 온도, 가열 시간에 따라 결정된다. 청나라 관료이며 학자였던 장영張英은 「반유십이합설飯有十二合說」에서 좋은 밥의 조건 12가지를 들면서 그 첫 번째가 좋은 쌀이고 두 번째가 밥 짓는 기술인데 조선 사람들은 밥 짓는 기술이 뛰어나다고 격찬하였다. 조선의 밥은 밥알에 윤기가 있고 부드러우면서 향긋한데 그렇게 좋은 밥이 되는 이유는 쌀뜨물을 따라 버리지 않고 남겨두어 그 맛을 그대로 보전하면서 약한 불에 물을 적게 넣어 법도 있게 짓기 때문이라고 하였다.[3]

밥의 질은 밥 짓는 그릇의 영향도 받는다. 우리나라에서는 예전부터 돌솥을 으뜸으로 쳤다. 유중림의 『증보산림경제增補山林經濟』에서도 '밥솥으로는 돌솥이 가장 좋고 무쇠솥, 놋쇠솥이 그다음'이라고 하였다. 그래서 왕의 수라상에 올리는 밥은 곱돌로 만든 작은 새옹으로 지었다고 한다. 그리고 실록에도 왕이 신하들에게 돌솥을 하사한 기록이 남아 있다. 돌솥은 밥 짓기에도 좋고 밥을 담아두고 먹기에도 좋다. 즉 돌솥은 열을 고루 전달하여 밥이 잘 지어진다. 그리고 녹말류 음식은 식으면 노화老化되어 맛도 떨어지고 소화도 힘들어지는데 돌솥은 밥의 온도를 오랜 시간 유지할 수 있어 그럴 우려가 적다.

아주 오래전에 우리 조상들은 어떤 밥을 어떻게 지어 먹었을까?

신석기시대와 청동기시대 유적에서는 곡물을 가는 데 쓰는 갈돌과 갈판이 적잖이 발견된다. 그 시절에는 곡식을 갈돌로 갈아서 껍질을 적당히 벗겨낸 뒤에 그릇에 담아 물을 붓고 끓여서 죽처럼 만들어 먹었을 것이다(그림 2). 이런 방식으로 끓인 밥은 곡물이 충분히 호화되기 어렵다. 그리고 낮은 온도에서 소성된 토기는 물을 빨아들이고 흙 성분을 배출하므로 곡식을 그런 그릇에 담거나 끓이면 흙 맛이 배어 맛도 썩 좋지 않았을 것이다.

그림 2 갈돌과 갈판(평양 남경 유적. 길이 53cm, 너비 22cm). 조선유적유물도감편찬위원회, 1988, 『조선유적유물도감 1(원시편)』, 116쪽.

그래서 그다음에 등장한 것이 시루에 찌는 방식이다. 길쭉한 장란형長卵形 토기에 약간의 물을 부어 부뚜막에 걸어 놓고서 그 위에 곡물을 넣은 시루를 얹어 놓고 불을 때서 수증기로 쪄 먹는 것이다〈그림 3〉. 이러한 방식이 널리 퍼져 있었다는 것은 삼국시대 유적에서 시루가 많이 발견되는 것으로도 짐작할 수 있으며, 실제 모습이 4세기 고구려의 안악3호분 벽화에 보인다〈그림 4〉. 그런데 이러한 방식으로 밥을 지으면 밥에 수분이 적어 부드러운 밥이 아니라 꼬들꼬들한 고두밥이 된다. 시루에 찌는 방법으로는 바닥에 충분한 물을 넣고 많은 연료를 소비해 가며 충분한 시간을 가열해도 밥맛이 크게 나아지

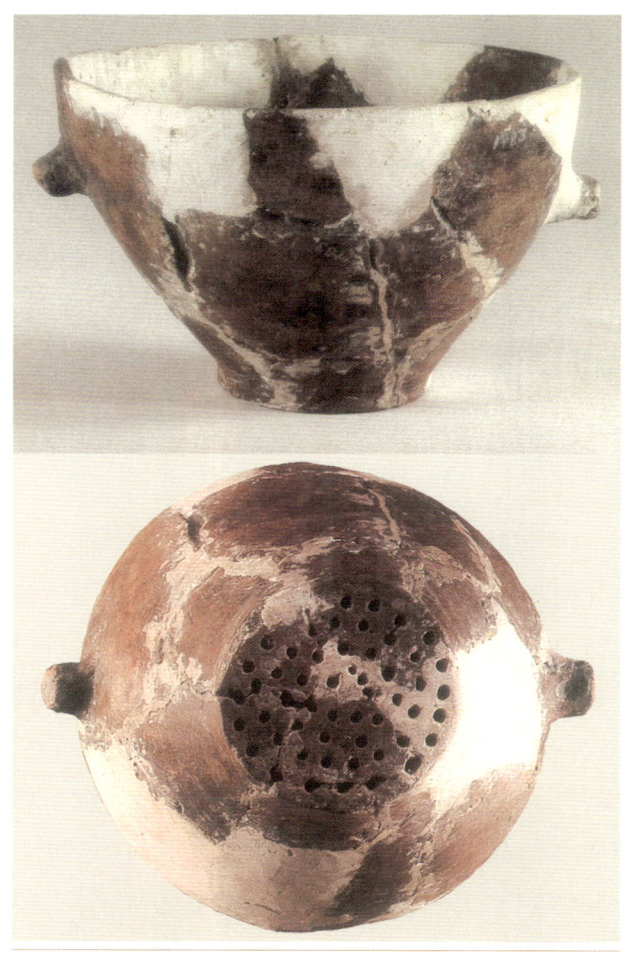

그림 3 시루(함경북도 나진 초도 유적, 높이 18cm, 직경 27.5cm). 조선유적유물도감편찬위원회, 1988, 『조선유적유물도감 1(원시편)』, 209쪽.

그림 4 고구려 안악3호분 벽화에 보이는 부엌의 시루

지는 않는다고 한다.[4]

그러다가 솥을 만들어서 밥을 지으면서부터 맛있는 밥을 먹을 수 있게 되었다. 청동솥이나 무쇠솥은 바닥의 열전도율이 높아 연료 소비를 줄일 수 있고, 무거운 솥뚜껑은 밥솥 내부에 고압의 수증기를 형성하여 호화를 촉진하므로 양질의 밥을 먹을 수 있게 되었을 것이다. 경주 천마총과 황남동 4호분에서는 삼국시대의 작은 청동솥이 발견되었는데 비록 부장품으로 넣은 의례용 솥이기는 하나, 고분의 부장품은 망자가 저승에서도 이승의 삶을 재현할 수 있게 넣는 것이므로, 일상생활에서도 솥이 사용되었음을 충분히 짐작할 수 있다.

   요컨대 밥은 곡식을 갈아서 죽처럼 끓여 먹다가, 시루에 쪄 먹다가, 삼국시대부터는 솥에 지어 먹었던 것으로 짐작된다.

   한편 우리 민족은 유달리 따뜻한 음식을 좋아했고 지금도 그렇다. 밥과 함께 늘 상 위에 오르는 국은 대개 따뜻하고, 조금씩 떠먹는 찌개는 대개 국보다 더 뜨겁다. 밥도 마찬가지다. 대한제국 시기와 일제강점기에 한국에 온 일본인들은 한국 사람들은 아무리 가난뱅이라도 밥은 반드시 따뜻하게 데워 먹는다고 신기하게 생각했다. 오죽하면 '찬밥 신세'라는 말이 생겼을까?

주식 쌀과 백미밥

🌾 주식은 쌀

밥 짓는 데 주로 사용된 곡물은 무엇이었을까? 의문의 여지 없이 쌀이었다. 쌀은 통일신라쯤에는 주된 영양공급원이 되었던 것으로 보이며 늦추어 잡더라도 고려시대에는 주식으로 자리 잡았을 것이다. 그것은 벼가 다른 곡식보다 생산성이 우수했고, 생산량도 가장 많았기 때문이다.

조선시대 기록에 경작지 통계는 비교적 많이 남아 있지만, 곡물 생산량에 관해 전국을 아우르는 통계는 없다. 연간 곡물 생산량이 체계적으로 정리된 도별 통계 자료는 『조선총독부

통계연보』1910년 판에서 비로소 보이기 시작한다. 1910년은 일제의 통치가 막 시작된 시기로, 1912년부터 본격화한 벼의 품종 개량이나 1920년부터 3차에 걸쳐 진행된 산미증식계획이 착수되기 전이었다. 아직 농업 전반에 큰 변화가 없던 때이기에 당시 상황을 통해 조선 말기의 상황을 간접적으로나마 추정해 볼 수 있다. 일제강점기 초기의 통계 수치는 정확도가 미흡하기는 하지만 개략적인 실태를 살펴보는 데는 유용하리라 생각한다.[5]

〈표 1〉과 〈그림 5〉에서는 1910년의 곡물을 쌀, 보리, 밀, 조, 콩으로 나누고 그 나머지 팥, 기장, 수수, 옥수수, 피, 귀리는 기타 곡식으로 뭉뚱그려 제시했다. 표와 그래프를 보면 다양한 곡물 가운데 쌀 생산량이 44%로 절반에 육박하여 압도적인 우위를 차지하였고, 보리와 조는 각각 쌀의 1/3 수준에 머물렀다.

물론 조선시대 전반에 걸쳐 논의 증가와 그에 따른 쌀 생산량의 증가가 완만하게 진행되었으므로 이 통계가 전 시기를 대표할 수는 없다. 그러나 초기에도 쌀 생산량이 보리나 조에 뒤처질 상황은 아니었을 것이다.

조선시대에 쌀밥을 먹고 살았다는 것에는 통계 수치 외에도 여러 가지 증언도 있다. 조선 말기와 대한제국 시기에 한국

표1 1910년의 곡물 생산량 (단위: 石)

쌀	보리	조	콩	밀	기타 곡식	총 생산량
8,142,852 (44%)	2,869,742 (16%)	2,646,890 (14%)	1,816,582 (10%)	678,699 (4%)	2,274,650 (12%)	18,429,415 (100%)

* 도정한 상태의 생산량이다. 『조선총독부통계연보(1910년)』

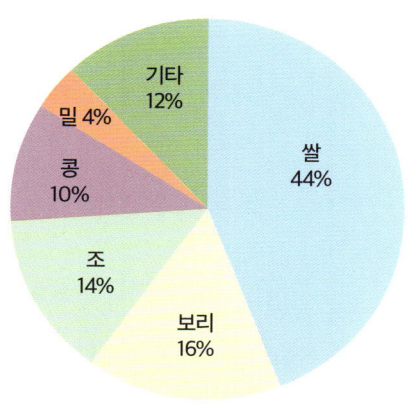

그림5 1910년의 곡물 생산량 백분율

을 다녀간 외국인 선교사, 여행가, 기자들은 한국인들이 여러 가지 곡식으로 밥을 지어 먹지만 주식을 한마디로 말하라면 쌀이라고 모두 한입으로 증언하고 있다. 19세기 말 조선에 입국하여 제물포, 서울, 강원도 산간지대까지 두루 돌아다녔던 비숍^{I. B. Bishop}도 조선의 주식이 쌀이었음을 여러 차례 언급하였고,[6] 1900년에 제정러시아 재무부에서 편찬한 『한국지韓國誌』에서도 한국에서는 곡물 생산량에서 쌀이 1위를 차지하고 있어 부자들은 1년 내내 주로 쌀밥을 먹지만, 가난한 주민들은 겨울철 반년은 쌀밥을, 여름철에는 다른 곡식으로 지은 밥을 먹는다고 했다.[7]

주곡이 쌀이었음을 추정케 하는 기록들도 있다. 1833년 춘궁기에 경강상인京江商人과 싸전 상인들이 쌀을 매점매석하여 쌀값이 폭등하자 서울의 일부 주민이 싸전과 잡곡전에 불을 지르며 폭동을 일으켜서 주동자 7명과 상인 2명이 처형된 일이 있었다. 서울의 일반 서민들이 평상시에 쌀밥을 먹지 않았다면 쌀값 때문에 폭동을 일으킬 이유가 없다.

더 거슬러 올라가서 1653년에 제주도에 떠밀려온 하멜 일행도 식사 때 대개 쌀밥을 제공받았다. 쌀밥이 특별한 고급 음식이었다면 억류된 외국인들에게 쌀밥을 지급했을 리가 없다.

통계도 있고, 증언도 있고, 기록도 있다지만 일반 백성들이 과연 값비싼 쌀밥을 먹을 수 있었을까? 과거에도 쌀은 가장 비싼 곡물이었다. 정부의 수입, 지출에 적용되는 공정 가격으로 쌀값은 보리, 조, 콩값의 두 배였다. 그런데 주식 곡물이 되기 위한 우선적인 조건은 가격이 아니라 생산량이다. 당시 쌀 가격과 비교하면 귀리나 피가 훨씬 쌌지만, 그것을 주식으로 삼을 수는 없었다. 적게 생산되는 곡식으로 모든 사람이 먹고 살 수는 없기 때문이다.

또 한편으로는 벼농사를 짓는 일반 농민들이 귀한 벼와 쌀은 나라에 세금으로 바치거나 지주에게 소작료로 바치는 데 쓰고 자신들은 다른 값싼 곡식으로 밥을 해 먹지 않았을까 생각할 수도 있다.

대개 지주에게 내는 소작료는 벼로 내고, 나라에 내는 조세는 쌀로 낸다. 그런데 지주에게 바친 벼는 물론이고 조세로 납부한 쌀도 결국은 누군가가 먹어야 한다. 세미稅米는 관료의 녹봉이나 군사의 급료나 관서의 운영경비로 사용하고, 남은 것은 서울이나 지방의 창고에 비축했다. 그런데 세금은 벼의 왕겨를 벗겨낸 쌀로 받는데, 왕겨를 벗겨낸 상태로 보관하면 곧 산패가 진행된다. 시간이 흐를수록 쌀의 질이 점점 저하되어 냄새가 나고 쌀알이 잘 부스러져서 오랜 시간이 지나면 못 먹게 된다. 그래서 중앙과 지방 창고에 보관된 쌀은 대개 반분반류半分半留의 원칙에 따라 반은 비축해 두고 반은 민간에 방출하여 일정 기간이 지나고 나면 약간의 이자를 덧붙여 새로운 쌀로 거둬들였다. 즉 새로 거둬들인 쌀을 비축하고 예전에 비축해 두었던 쌀은 방출하여 오래된 묵은쌀이 생기는 일이 없도록 한 것이다. 이를 개색改色이라 했다. 그러므로 생산된 쌀은 대체로 생산된 해나 그 이듬해에 민간에 유통시켰다. 그리고 지주의 쌀도 때로는 장리長利 쌀로 고리대금업에 쓰여 민간에 유통되었다. 쌀은 생활필수품이고 당시 포목과 함께 화폐의 역할을 했기 때문에 유통과 소비에 아무런 어려움이 없었다.

조선시대의 주식이 쌀이라고 했지만 일제강점기와 해방 이후에 보릿고개를 경험했던 세대에게는 의아하게 들릴 수도 있다. 그러나 그 세대가 살았던 시기는 식생활 면에서 왜곡과 단절이 있었던 시기이므로 당시의 경험으로 조선시대를 이해하는 것은 위험하다.

일본은 초기 자본주의의 성장 과정에서 노동자의 임금을 낮은 수준에 묶어 두기 위해 쌀값 인상을 최대한 억제해야 했다. 그리고 만주사변, 중일전쟁, 태평양전쟁 등의 여러 전쟁을 치르면서 대규모의 군수미를 확보해야 했다. 그래서 일본과 같이 자포니카 쌀을 먹는 한국에서 쌀을 상거래를 통해 수입해 가기도 하고, 공출이라는 강제적인 수단을 통해 가져가기도 했다.

쌀 이출移出량은 1910년 당시에 54만 석으로 전체 생산량의 5% 정도였으나, 3년 만인 1913년에는 130만 석으로 10%를 넘어섰다. 이출량은 점점 증가하여 1930년대 전반에는 900만 석으로 50%를 넘어서기도 했다. 산미증식계획으로 쌀 생산량은 증가했으나, 1930년대 전반의 1인당 쌀 소비량은 1910년대에 비해 거의 절반으로 줄어들었고 해방 직전에도 3/4 수준에 머물러 있었다.

일본이 물러간 뒤에도 한국의 쌀 소비는 곧바로 회복되지 않았다. 중국, 만주, 일본 등 여러 곳에서 수많은 해외 동포가 귀국하여 인구밀도가 높아졌고, 1950년부터 3년간은 한국전쟁의 발발로 농업이 피폐해졌고, 종전 후에도 북쪽에서 내려온 피난민들로 남한의 인구압이 증가하여 식량 사정은 나아지지 않았다.

그리고 1945년과 1960년의 상황을 비교해 보면 인구는 1.4배로 늘었으나 쌀 생산량은 1.2배 밖에 늘지 않았고 맥류麥類 생산량은 2.9배로 뛰었다. 1인당 쌀 소비량은 오히려 약간 줄어들고 보리 소비량은 크게 증가한 것이다.[8] 조선시대에는 보리밥을 먹고 살았을 것이라는 생각은 20세기 전반기에 청장년기를 보냈던 세대의 경험에서 나온 막연한 상상의 결과일 뿐이다.

🌾 벼의 품종과 기원

우리나라에서 소비되는 쌀은 자포니카이다. 아시아벼 Oryza sativa L.는 인디카 indica 벼와 자포니카 japonica 벼로 나뉜다. 동남아시아 지역의 인디카 벼는 키가 크고 쌀이 길쭉하며 찰기가 없고, 자포니카 벼는 상대적으로 키가 작고 쌀은 짧고 찰기가 있다. 인디카 쌀은 대한제국 말기에 쌀이 부족하여 베트남에서 수입한 일이 있었고, 일제강점기에도 많이 수입되었다. 그때 베트남 쌀이라는 뜻의 '안남미 安南米'를 사람들은 '알랑미'라 불렀는데 '훅 불면 날아가는 쌀', 즉 찰기가 없어 맛없고, 먹어도 힘이 안 나는 쌀로 인식되었다. 우리나라에서는 1970년대에 인디카와 자포니카의 특성을 혼합하여 수확량이 많은 '기적의 쌀' 통일벼를 개발했다. 그러나 쌀은 맛이 없었고, 벼는 냉해와 병충해에 약해 몇 해 만에 수확량에 커다란 차질이 생기면서 점차 사라졌다.

그러나 아시아에서 한국, 일본, 중국 북부를 제외하고는 모두 인디카를 먹는다. 인디카는 전 세계 쌀의 90%를 차지하여 자포니카보다 인기가 높고, 사실은 국제시장에서의 가격도 자포니카보다 약간 비싸다. 우리는 자포니카에 길들여져 인디카가 맛없다고 하지만, 인디카를 주식으로 하는 사람들은 찰기 있는 자포니카가 손으로 먹을 때 늘어 붙고, 소화가 잘 안 되어 싫어한다. 자포니카 쌀로 밥을 지어 먹으면 우리가 찰떡을 많이 먹었을 때처럼, 속이 더부룩한 느낌을 받는 것이다.

쌀[米]과 니[稻]와 니쌀[稻米]

1103년에 고려에 다녀간 송나라 사신 손목(孫穆)은 『계림유사(鷄林類事)』에서 고려인들이 '흰쌀[白米]'을 '漢菩薩(한보살)'이라 한다 했다. 그러므로 '쌀'의 아주 오랜 고어는 '보술'[菩薩: puser]로 추정되며, 중세국어에서는 중간의 모음 u가 사라져 '쌀'[psel]이 되었다. 일본어에서 올벼를 뜻하는 와세(早稻: wase)의 고어 바사이(basai)와 보술이 모두 원시알타이어의 들을 뜻하는 'biosa'에 뿌리를 두고 있는 것으로 알려져 있다. 그런데 '쌀'이나 '米'는 본래 벼의 알맹이만이 아니라 겉껍질을 벗긴 곡물을 두루 일컫는 낱말이었다. 보리쌀, 좁쌀, 수수쌀, 율무쌀 같은 말들은 그런 연유로 생겨난 말이고, 껍질 벗긴 도토리를 상실미(橡實米)로 쓰기도 했다.

한편 벼를 가리키는 중세국어는 '니'로서 니(벼)의 알맹이는 '니쌀(입쌀)', 쌀밥은 '니밥(이밥)', 볏짚은 '닛답'이라 하였다. 니(ni)는 일본어의 ine, 태국어의 niau, 베트남어·크메르어의 nep, 라오스어의 niu 등과 같은 계통의 말로서 모두 동남아시아 언어 계통에서 갈라져 나왔다.[9] 보리쌀[牟米], 조쌀[粟米], 니쌀[稻米] 등 여러 알맹이 가운데 '니쌀'이 지금의 '쌀'이 된 것은 벼의 쌀이 가장 일반적이고 친숙한 곡물이었기 때문이다.

우리나라 벼의 기원에 대해서는 남방설과 북방설이 있으나 아직 어느 것이 옳은지 모른다. 언어학 측면에서는 벼의 고어 '니'가 동남아시아 계통의 언어에서 유래되어 남방설에 무게를 실어 주고 있다. 그러나 벼의 품종으로 보면 다른 결과가 나온다. 우리나라 벼는 동남아시아와 중국 남부의 벼 인디카가 아니라 중국 북부의 벼 자포니카이다.

본래 벼는 건조한 땅에서 자라던 밭작물이었으나, 점차 논에서 재배하는 반수생半水生 식물로 바뀌었다. 밭에서 재배하는 밭벼는 육도陸稻, 한도旱稻, 산도山稻 등으로 부르는데,[9] 15세기에 명나라 통역관들의 조선어 학습교재로 편찬한 『조선관역어朝鮮館譯語』에 보이는 '산타색이山朶色二'는 분명 '산도쌀'을 한자로 적은 것이다. 조선어 어휘집에 수록된, 많지도 않은 596개의 어휘 중에 산도쌀이 등장한다는 것은 조선의 벼에 밭벼가 적지 않았다는 것을 알려 주고 있다. 1910년 당시에도 제주도의 벼 중에 9할이 밭벼였다.

논벼와 밭벼는 오랜 기간 공존했다. 둘은 유전적 형질이 다르지 않아 밭벼도 물이 채워진 논에서 재배하면 그대로 자란다. 다만 밭벼는 논벼보다 생산성도 낮고 지력을 유지하기 위한 까다로운 조건이 갖춰져야 했다. 그래서 조선시대에도 밭을 논으로 바꾸는 '번답反畓'이 계속되었다.

한반도에서 벼농사가 언제 시작되었는지는 불분명하지만, 1920년에 경상남도 김해 회현리 패총에서 1세기경의 탄화미炭化米가 발견된 이래로 여러 선사 유적에서 탄화미나 볍씨가 출토되었으며, 1991년에는 경기도 일산 가와지 유적에서 기원전 3천 년경의 볍씨 4알이 발견되었다.[10] 그 볍씨는 야생종이 아니라 사람 손으로 재배한 재배종의 유전적 특성이 있었다. 그러므로 한반도에서 벼의 재배가 아주 일찍부터 시작되었음을 짐작할 수 있다.

시기를 더 내려와 삼국시대에는 벼농사가 기록으로 확인된다. 백제에서는 33년 다루왕 6에 남쪽 고을에 영을 내려 도전稻田, 즉 벼를 심는 경작지를 처음으로 조성하게 했다는 『삼국사기』의 기록이 남아 있다. 다만 벼농사 짓는 땅이 논이었는지 밭이었는지는 알 수 없다. 그리고 7세기의 『수서隋書』에는 신라의 토지가 비옥하여 '수륙겸종水陸兼種', 즉 물에도 땅에도 씨를 뿌렸다고 기록되어 있다. 이는 삼국시대에 밭농사와 함께 무논에서의 벼농사가 널리 진행되고 있었음을 알려 준다.

1998년에는 경기도 연천 무등리 2보루의 집중호우로 잘려나간 강가 절벽에서 엄청난 양의 탄화된 쌀과 좁쌀이 발견되었다. 고구려군의 군량 창고였을 것으로 추정되는 그곳에서 발견된 쌀은 대략 5세기 초부터 7세기 중후반까지의 자포니카이며, 도정 상태가 일정치 않아 현미와 백미가 섞여 있었다.[11] 고구려가 지배한 한반도 북부지역은 잡곡 지대인데 고구려군이 엄청난 양의 쌀을 보유하고 있었다는 것은 당시에 벼농사가 상상했던 것 이상으로 널리 이루어지고 있었음을 알려 준다.

『삼국사기』에서도 군량으로 쓰였던 쌀이 여러 차례 보이고, 9세기 헌강왕 때의 효녀 지은知恩이 부잣집에 종으로 팔려 가 쌀 10여 섬을 얻어 낮에는 주인집에서 일하고 저녁에는 집에 돌아와 어머니에게 밥을 지어드렸다는 기록도 있다. 이 또한 쌀이 일반 백성들은 먹을 수 없는 아주 귀한 곡물은 아니었음을 알려 주고 있다. 그리고 고려시대로 들어와서는 『고려사』에서 쌀과 관련된 기사를 무수히 찾아볼 수 있다.

백미밥

조선시대 조상들이 밥을 지어 먹던 쌀은 겉껍질만 벗겨낸 현미였을까, 아니면 속껍질까지 벗겨낸 백미였을까? 과거의 기록에 쌀은 대부분 그냥 '米'로만 기록되어 있어서 밥을 지어 먹은 쌀이 현미인지 백미인지 명백하게 드러나지 않는다.

그림6 벼와 쌀의 내부

그림7 매통과 맷방석의 분리, 결합된 모습(매통 높이 75cm, 맷방석 지름 70cm, 높이 11cm). 국립민속박물관 소장

그것을 밝혀내기 위한 추론 과정은 다소 복잡하다.

벼는 바깥쪽에 왕겨, 매조밋겨라고 부르는 겉껍질 부분이 있고, 안쪽에 속겨, 쌀겨米糠라고 부르는 속껍질 부분이 있으며 그 안에 쌀눈이라고 부르는 배아胚芽와 쌀의 대부분을 차지하는 배젖이 있다〈그림 6〉. 벼의 왕겨를 벗겨낸 쌀을 과거에 조미糙米·造米라 쓰고 매조미 또는 매조미쌀이라 했다. 매통에 갈아낸 쌀이라는 뜻이다〈그림 7〉. 현재는 일본어의 영향을 받아 '검은쌀'을 뜻하는 현미玄米라고 부르고 있다. 그리고 현미를 쓿어서 속껍질 쌀겨와 쌀눈까지 벗겨내고 배젖만 남긴 쌀을 백미白米라 하였다. 이 배젖이 우리가 먹는 부분으로서 여기에 쌀의 영양소인 탄수화물, 지방, 단백질이 들어 있다.

벼농사가 시작된 초기에는 꽤 오랫동안은 왕겨를 벗겨내어 현미로 만들고 다시 쓿어서 백미로 만드는 과정을 거치지 않고 한꺼번에 왕겨와 쌀겨를 모두 벗겨내는 '삭짓기'가 진행되었을 것이다. 연천의 무등리 2보루에서 발견된 고구려군의 쌀에 백미와 현미가 뒤섞인 것은 그러한 결과로 짐작된다. 그러나 조선시대에는 왕겨 벗겨내기와 쌀겨 벗겨내기가 따로 진행되었다. 그랬기에 『경국대전』의 녹봉 조에 조미糙米와 중미中米가 등장한 것이다.

그러면 밥은 왕겨만 벗겨낸 조미현미와 쌀겨까지 벗겨낸 백미 중 어느 것으로 지어 먹었을까? 그것을 밝혀내기 위해서는 조세의 수입, 지출이 어떤 형태로 진행되었는지부터 시작해야 한다.

우선 세금은 쌀로 받았다. 벼로 받으면 오래 보관할 수 있는 장점이 있지만, 그러면 여러 가지 문제가 발생한다.

벼를 찧어서 얻을 수 있는 현미, 백미의 비율은 유동적이지만 대체로 일정한 범위 안에 있다. 조선시대에 벼 10말을 찧으면 4.5말 정도의 백미가 나오고, 그 중의 약 10%는 도정비용으로 제하여 벼 10말은 쌀 4말과 등가等價로 본다. 그러므로 세금을 쌀 4말이 아니라 벼 10말로 거두면 부피가 2.5배가 된다.

현재는 쌀의 양을 부피가 아니라 무게로 잰다. 벼에서 현미를 내는 무게 비율을 제현율製玄率이라 하는데 쌀의 품종, 그해 벼의 등숙 조건에 따라 편차를 보이지만 대체로 80%로 본다. 그리고 현미에서 쌀겨와 쌀눈을 제거하여 백미를 추출하는 비율을 현백율玄白率이라 하는데 통상 90%로 본다. 제현율 80%에 현백율 90%이면 벼에서 백미를 내는 도정수율은 72%가 된다. 따라서 벼 10말은 무게로 현미 8말, 백미 7.2말이 되므로, 현미가 아니라 벼로 거두면 무게가 1.25배가 되고, 백미 대신에 벼로 거두면 1.43배가 된다.

결국 세금을 쌀로 거두지 않고 벼로 거두면 부피로는 2.5배, 무게로는 약 1.3배에 이르는 곡식을 운반하고 보관해야 한다. 이는 곡식을 배에 싣고 먼 바닷길을 운행하는 조운漕運에도 큰 장애가 되고 창고에 보관하는 데도 많은 노동력과 비용이 든다. 그것만이 아니다. 조세를 한양에서 각 기관의 경비와 관료들 녹봉으로 지급하려면 벼를 쌀로 도정해야 하는데, 어마어마한 양의 벼를 도정할 시설을 한양에 모두 갖출 수도 없었다. 그러므로 조세를 벼가 아닌 쌀로 징수한 것이다.

다음으로 세금을 쌀로 거뒀다면 현미로 거뒀는지 백미로 거뒀는지 알아볼 차례이다. 과전법 조항을 보면 농민은 국가나 조租 징수권을 부여받은 양반 관료에게 논에서 조租로 결당 조미 30말을 바치게 하고, 양반 관료는 조를 받아 그 가운데 세稅로 백미 2말을 국가에 바치게 했다. 그리고 『경상도지리지』의 공부貢賦 조항에는 백미, 조미와 함께 간중미間中米, 상중미常中米도 보인다. 결국 논에서는 세금을 현미 또는 백미로 거둬들였고, 때로는 중간 정도 쓿은 중미로 거둬들이기도 하였음을 알 수 있다.

정부에서는 관료들에게 이 쌀을 석 달에 한 번씩 4맹삭四孟朔: 1·4·7·10월에 마포 광흥창廣興倉에서 녹봉으로 지급하였다. 『경국대전』에서 녹봉으로 지급되는 곡식으로는 좁쌀, 콩, 밀

외에 조미와 중미가 있는데 조미가 중미의 3, 4배로 대개 조미였고, 백미는 보이지 않는다.[12]

이를 정리해 보면 세금으로 거두는 쌀에는 조미가 많고 중미와 백미는 적었으며, 녹봉으로 지급되는 쌀에는 조미가 많고 중미는 적었으며 백미는 아예 없었다.

녹봉에 백미가 없었으므로 단순한 생각으로는 대개 현미조미밥을 먹었을 것이라고 하겠지만 속단하기는 어렵다. 녹봉으로 받은 조미, 중미 그대로 밥을 지어 먹었는지, 아니면 쓿어서 백미로 만들어 먹었는지는 알 수 없기 때문이다.

벼의 왕겨를 벗겨내어 현미로 만들면 산패가 진행되어 쌀의 품질 유지가 어려워지지만, 쌀겨와 쌀눈까지 제거하여 백미로 만들면 온도와 습도의 영향을 크게 받아 미질이 급속도로 저하되고 해충의 침해도 더 받게 된다. 그런데 세금을 백미로 징수하여 보관하고, 오랜 시간이 지나 석 달에 한 번씩 녹봉으로 지급하면, 지급받은 녹봉으로 각자 집에서 밥을 짓기까지 오랜 시간이 소요되어 그 사이에 쌀이 변질된다. 그러므로 세금을 거둬서 곧바로 소비할 쌀은 백미로 지급하고, 관료들이 녹봉으로 받아 길게는 석 달 동안 집에 두고 밥을 지어 먹을 쌀은 조미, 중미로 지급하고, 그 남은 쌀은 창고에 조미 상태로 보관해 두었을 것으로 짐작된다. 관료들은 녹봉으로 받은 조미, 중미를 백미로 쓿어서 밥을 짓거나 술을 빚었을 것이다.

그런 짐작이 옳다고 여겨지는 것은 밥쌀이 백미였음을 시사하는 자료들이 있기 때문이다. 유희춘이 1567년부터 11년 동안 쓴 『미암일기眉巖日記』에 조미는 8차례 등장하지만, 백미는 240여 차례나 등장한다. 그리고 밥 지을 백미라는 뜻의 반백미飯白米도 세 군데 보인다.[13] 이는 실생활에서 최종 소비는 조미가 아니라 백미 상태로 이루어졌음을 의미한다.

조선 후기에는 조세징수와 녹봉지급도 바뀌었다. 정식 규정이 언제 생겼는지는 불분명하지만 17세기부터는 세금을 백미로 징수했다. 『탁지지度支志』(1788)와 『만기요람萬機要覽』(1808)에서는 1634년인조 12 갑술양전甲戌量田 후에 논의 전세를 대미大米로 징수하되 함경도에서는 조미糙米로 거둔다고 하였다. 당시 세금 징수에서 백미는 그냥 대미쌀로 기록하고, 조미는 조미임을 명시한 것이다.[14] 실제로 임진왜란이 종식된 지 얼마 안 된 1604년선조 37에 전라도 용담현에서 전세를 백미로 거둔 사실이 『선조실록』에 기록되어 있다.[15] 그리고 논에 부과된 전세를 백미로 징수함에 따라, 대동미, 삼수미도 저절로 백미로 징수하게 되었다.[16]

세금을 백미로 징수하니 녹봉도 물론 백미로 지급했다.

3개월마다 지급하던 녹봉은 임진왜란 이후로 다달이 지급하는 산료제散料制로 이따금 운행하다가 1695년숙종 21에 대기근이 닥치자 산료제로 완전히 정착했다. 그런데 그 5년 전인 1690년에 관료들에게 줄 녹봉이 모자라서 대미 10섬에 조미 2섬의 비율로 조미를 끼워 넣고, 각 관서의 하급관원이나 군사들의 급료에도 조미 1말씩을 끼워 지급한 일이 있었다. 이는 평상시에는 백미로 녹봉을 지급했음을 뜻한다.

마무리를 짓자면, 조선 전기에는 세를 현미, 중미 또는 백미로 징수했고, 관료들은 녹봉을 현미 또는 중미로 지급받아 이를 쓿어서 백미로 밥을 지어 먹었을 것이며, 조선 후기에는 세금을 백미로 징수하고 녹봉도 백미로 지급하였으므로 당연히 밥도 백미로 지어 먹었다.

양반 관료들이야 그렇다 하더라도 일반 백성들까지 거칠고 맛이 없다는 이유로 겉껍질만 벗긴 현미를 먹지 않고 속껍질까지 완전히 벗겨낸 백미로 밥을 먹었을까 의문을 가질 수도 있다. 그래서 부자 양반들은 백미밥을 먹고 가난한 평민들은 현미밥을 먹었을 것으로 짐작하기도 한다. 그러나 그것은 오해다. 가난한 사람들은 현미밥을 먹은 것이 아니라 백미에 다른 것을 섞어서 밥을 지어 먹었을 것이다.

그렇게 생각하는 이유는 현미밥은 밥맛 외에도 다른 문제가 있기 때문이다. 쌀겨를 제거하지 않은 현미는 밥 짓기 전에 한나절 이상 물에 담가 물기를 빨아들이게 해야 하고, 그 이후에도 장시간 가열해야 하므로 밥 짓는 데 시간도 오래 걸리고 노동력도 많이 들고 연료 소모도 많았다.[17] 지금도 현미로 밥을 지으려면 한 번으로는 쌀알이 완전히 익지 않아 두 번 지어야 한다. 그러므로 현미로 밥을 지어 먹는 것은 생각과는 달리 경제적인 효율성이 없다. 게다가 소화흡수율도 백미보다 매우 나쁘다. 지금도 중병에 걸린 환자들이 건강을 되찾으려고 현미밥으로 바꿨다가 영양 상태가 악화하여 오히려 건강을 해치는 사례도 많다.

다만 조선시대 사람들이 먹었던 백미밥은 지금과 같은 개념의 백미밥이 아니다.

현미를 쓿어서 백미로 만들 때 쌀겨와 쌀눈을 벗겨낸 정도를 도정도搗精度라 하는데 1/10을 깎아내면 1분도, 전부를 깎아내면 10분도라 한다. 지금 우리는 대체로 쌀겨와 쌀눈을 완벽하게 제거하기 위해 과도하게 깎다 보니 배젖 부분도 일부 깎여 나간 12분도 정도의 쌀을 먹고 있다. 그러나 예전의 백미는 쌀겨와 쌀눈을 덜 벗겨낸 쌀이었을 것이다. 밥 지을 쌀에 왕겨 일부가 그대로 붙어 있는 뉘가 섞여 있던 시절도 그리 오래지 않다. 그러므로 조선시대의 백미라 하면 대략 7분도,

8분도 정도의 쌀로 추정된다.

그런데 현재 판매되고 있는 현미도 쌀겨와 쌀눈이 완벽하게 남아 있는 쌀이 아니다. 원래는 3분도미까지를 현미라고 부르는 것이 옳겠지만 대개 쌀겨를 절반 정도 깎아낸 5분도미도 현미라고 부르고 있고, 7분도미도 현미라는 이름으로 판매되기도 한다.

그러므로 조선시대의 백미는 지금의 현미에 어느 정도 근접한 것이었다고 할 수 있다. 그러나 과거에 쌀겨가 부분적으로 남아 있는 백미를 먹었다 하더라도 전혀 쓿지 않은 거친 현미를 먹은 것은 아니었다. 품종도 자포니카였으므로 밥의 찰기도 충분했을 것이다.

북부의 잡곡과 조밥

우리의 주곡 작물은 벼라고 했다. 그런데 〈표 1〉의 1910년의 곡물 생산량을 경기도 이남과 황해도 이북으로 나누어 보면 한반도에 이질적인 농업지대가 공존했다는 것을 알 수 있다. 〈표 2〉는 〈표 1〉의 통계를 남부와 북부로 나누어 살펴본 것이고, 〈그림 8〉은 그것을 한눈에 알아볼 수 있도록 그래프로 제시한 것이다.

 표와 그래프를 보면 1910년 시점에서 한반도 전체 곡물 생산량의 약 3/5이 남부에서 생산되고 2/5가 북부에서 생산되었다. 예상대로 곡물 생산량은 남부가 북부보다 훨씬 많아 1.5배에 이른다. 또 하나 유의해서 살펴볼 것은 작물의 지역

표 2 **남부와 북부의 곡물 생산량 비교** (단위: 石)

	쌀	보리	조	콩	밀	기타 잡곡	총 생산량
남부	6,679,780 (60%)	2,526,910 (23%)	319,090 (3%)	904,737 (8%)	475,189 (4%)	291,995 (3%)	11,197,701 (100%-61%)
북부	1,463,072 (20%)	342,833 (5%)	2,327,800 (32%)	911,845 (13%)	203,510 (3%)	1,982,655 (27%)	7,231,715 (100%-39%)

* 경기·충청·전라·경상도는 남부에, 황해·평안·함경도는 북부에, 강원도는 양쪽에 절반씩 배정하였다. 『조선총독부통계연보』(1910년)

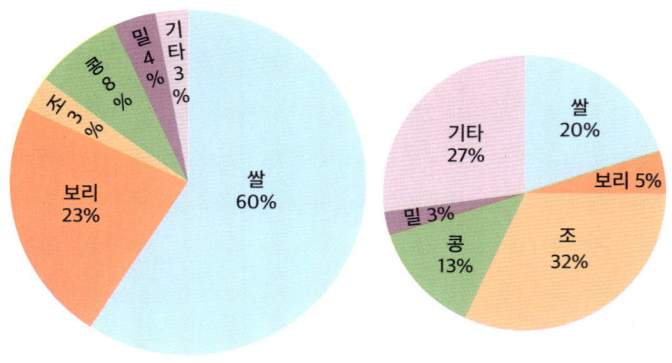

그림 8 남부(좌)와 북부(우)의 곡물 생산량 비교
* 원의 면적을 남, 북의 생산량 비율 61:39에 맞추었다.

별 편차가 매우 크다는 점이다. 압도적으로 쌀이 많았다고 하지만 그 8할은 남부에서 생산되었고 보리도 9할이 남부에서 생산되었다. 반면에 조의 9할은 북부에서 생산되었다.

중국의 경우에 습윤한 화남 지역에서는 인디카 벼를 재배했고, 건조한 화북 지역에서는 조, 수수, 밀 농사를 지었다. 이 경계선이 대체로 북위 33도 선을 따라 황허강과 양쯔강의 중간을 가로질렀다.[18] 마찬가지로, 표와 그래프로 보다시피 한반도에서도 남부에서는 곡물 중에 쌀이 3/5이고 북부에서는 보리, 콩, 밀을 제외한 잡곡이 3/5이며 그 잡곡 중에는 조가 압도적으로 많았다. 그래프는 경기도와 하삼도下三道를 포함한 남부지역은 벼농사를 지어 쌀밥을 먹는 도작稻作 지대였고, 평안도, 함경도, 황해도를 포함한 북부지역은 잡곡 지대였다는 것을 뚜렷이 드러내고 있다. 박제가는 『진북학의進北學議』(1798)에서 한강을 경계로 도작 지대와 잡곡 지대로 나뉜다고 보고, 고구려에서 신라를 본받아 벼를 재배한 것은 적절치 않은 일이었다고 지적하였다.

북부의 잡곡 중에 가장 큰 비중을 차지한 조는 까다로운 벼와는 달리 가뭄에 잘 견디고 척박한 땅에서도 잘 자라며 파종량 대비 수확량도 많은 데다가 생육기간도 상대적으로 짧았다. 껍질을 벗기는 데 보리나 밀처럼 많은 힘이 들지도 않았다. 그래서 북부지역에서 가장 선호한 곡물이었다.

벼는 남부의 대표적 곡물이고, 조는 북부를 대표하는 곡물이었다. 고종 때의 재상 이유원은 함경도에는 쌀이 없냐는 고종의 물음에 그곳에서는 좁쌀을 다른 곳의 쌀처럼 쓴다고 대답하였다.[19] 그래서 서유구는 『임원경제지林園經濟志』(1827)에서 남쪽 사람은 쌀밥을 잘 짓고, 북쪽 사람은 조밥을 잘 짓는다고 하였다. 북쪽 지방에서는 좁쌀로 밥을 짓고, 떡을 하고, 엿을 만들었으며, 술을 빚는 술밥도 쌀밥이 아니라 조밥을 썼고 생선으로 식해를 만들 때도 조밥을 썼다.

껍질을 벗기지 않은 조는 속粟이라 쓰고 껍질을 벗긴 좁쌀은 속미粟米라 썼다. 속이 좁은 사내를 '좁쌀영감'이라 하듯이

조와 강아지풀

조와 강아지풀은 모두 벼과(科) 강아지풀속(屬)의 식물이며, 조는 강아지풀이 진화한 작물이라는 것이 정설이다. 조가 익어 매달려 있는 모습을 보면 실제로 강아지 꼬리처럼 생겼다(〈그림 9〉). 그리고 강아지풀은 개꼬리풀이라고도 하고 중국에서는 구미초(狗尾草)라 부른다. 옛사람들의 생각도 같았다. 박지원은 전가(田家)라는 시에서 '개꼬리처럼 늘어진 조 이삭에는 노란 참새가 매달렸네'라고 농촌의 한가로운 풍경을 읊었고, 1794년에 경기도 암행어사로 파견된 정약용은 적성(파주)의 한 시골집 가난한 살림살이를 '삽살개 꼬리 같은 세 가닥 조 이삭, 닭 염통 같은 고추 한 꿰미뿐'으로 묘사했다. 영어에서는 조를 개 꼬리가 아니라 여우 꼬리로 보아 폭스테일 밀레트(foxtail millet)라 부른다.

노란 조의 알맹이는 곡식 중에서도 가장 작다. 그래서 조는 소미小米라고 하고, 쌀은 대미大米라고 했다.[20] 『경국대전』을 비롯한 여러 기록에 보이는 전미田米는 밭벼의 쌀이 아니라, 논의 도미稻米에 대비해서 조를 일컫는 말이다.

조는 영양 면에서는 우수한 곡물이지만, 조밥의 밥맛이나 식감은 쌀밥보다 많이 떨어졌다. 메조는 거칠고 맛이 없어서 현재는 닭 등의 가축 사료로 쓰고, 차조라고 하더라도 오로지 조 하나만으로 지은 강조밥은 맛과 식감이 좋지 않아 쌀에 차조를 섞어 지어 먹는다. 값으로도 조의 값은 쌀값의 절반에 불

그림9 조

과했다. 하지만 예전에 먹을 것이 부족했던 시절에는 메조, 차조를 가릴 처지가 아니었다. 조를 주식으로 하는 지대에서 태어나고 자란 사람들에게 조밥은 충분한 곡물이었다.

그리고 북부지역의 조를 강조했으나 그곳에서도 쌀 생산량은 곡물 전체의 1/5에 달하여 1/3을 차지한 조 다음으로 많았으므로 무시할 수 없는 곡물이었다. 그것이 조선시대 사람들의 주식은 쌀이었다고 단정하는 이유 중 하나이다.

남부 여름 한철의 보리밥

옛 기록에서 알갱이가 작은 밀은 소맥小麥이라 하고, 알갱이가 큰 보리는 대맥大麥이라 하며, 둘을 뭉뚱그려서는 양맥兩麥이라 하였다.

보리는 벼보다 껍질 벗기기가 쉽지 않고, 밥을 지으려면 물을 넣어 잘 호화되게 해야 하는데 흡수율吸水率이 낮아 밥 짓기도 훨씬 힘들었다. 미리 한 번 쪄서 말린 후 납작하게 만든 납작보리壓麥나, 가운데 패인 줄이 있는 보리를 세로로 둘로 갈라 정제한 할맥割麥은 쉽게 밥을 지어 먹을 수 있게 가공한 것으로서 조선시대에는 존재하지 않았다. 흡수율이 높아 밥맛이 좋은 찰보리도 1970년대 말에 개발된 품종이다.

보리는 쌀보리裸麥와 겉보리皮麥로 나뉘는데 과거에는 90% 이상이 겉보리였다. 겉보리는 껍질 벗겨 밥 짓는 과정이 여간 번거롭지 않았다. 전날 밤이나 아침 일찍 물에 담가두었다가 절굿공이로 애벌 찧어 멍석에 말린 뒤 다시 갈고 대끼는 번거로운 과정을 거치고 나서야 밥을 지어 먹을 수 있었다. 쌀보리도, 겉보리보다는 밥 짓는 과정이 수월하기는 하지만 쌀에 비하면 훨씬 힘들었다. 게다가 보리밥은 쌀밥보다 맛이나 식감이 좋지 않았다.

지금은 보리밥을 여름철의 별미로 먹지만 예전에는 보리가 쌀이 떨어진 여름을 넘기는 긴요한 곡식이었다. 벼농사를 지어 가을에 수확해서 쌀밥을 먹다가 겨울을 지나고 봄이 되면 쌀이 바닥났다. 그런데 가을보리는 6월 초여름이 되어야 수확할 수 있었다. 따라서 상당 기간 굶주림의 고난을 겪어야 했다. 봄에 양식이 떨어져서 굶주리던 때를 흔히 춘궁기, 보릿고개라 하는데 조선왕조실록에도 춘기春飢라는 말이 여러 차례 등장한다. 그리고 정약용의 『아언각비雅言覺非』에도 맥령麥嶺이라는 말이 수록된 것을 보면 보릿고개라는 말이 상당히 오래된 말임을 알 수 있다. 그래서 『농사직설農事直說』(1429)에서도 양맥兩麥을 심어 농가의 양식이 끊이지 않게 하는 것이 가장 급한 일이라고 하였다.

보리는 남쪽에서 밭농사의 주요 작물이었다. 조선시대 밭농사는 초기에 1년 1작, 2년 3작이 이루어졌고, 16세기 후반부터 17세기 초 사이에 그루갈이根耕, 사이짓기間種를 통해 1년 2작으로 정착되어 갔다. 논에는 재해가 닥치면 조세를 감면해 주는 급재給災 혜택이 있었지만, 밭에는 특별한 경우가 아니면 급재가 없었던 것도 밭농사에서 1년에 두 번의 수확이 정착되었기 때문이다.[21] 그루갈이는 대체로 보리·밀과 콩·팥·조·참깨 따위를 번갈아 짓는 형태로 진행되어 보리 수확을 늘려갈 수 있었다.

조선 후기가 되면 모내기 이앙移秧이 널리 보급되면서, 벼를 베고 난 빈 논에 가을보리를 심어 더 많은 식량을 확보할 수 있었다. 그러나 벼와 보리의 이모작은 땅의 물 빠짐이 좋아야 하고, 겨울철 기온이 너무 낮아도 안 되며, 품종이 맞아야 하는 등의 제약을 받았다. 따라서 북부지역에서는 불가능했고 남부지역에서도 일부에서만 행해졌다. 이모작은 일제강점기 초기에도 거의 경상도와 전라도에서만 행해졌는데, 경상도 논의 약 25%, 전라도 논의 약 8%에서 행해지고 있었다고 한다.[22] 그러므로 조선시대에 이앙법의 보급에 힘입은 이모작이 보리 생산량을 늘린 것은 사실이지만, 비약적으로 늘렸다고 보기는 어렵다. 보리 생산량의 증가는 기본적으로 그루갈이에 따른 것이었다.

그런데 벼 다음으로 중요하게 생각되는 보리가 나라의 세입이나 지출에서 거의 보이지 않는다. 1425년에 편찬된 『경상도지리지』에는 각 고을의 중요 농작물과 나라에 납부하는 공부貢賦 품목이 적혀 있다. 중요 농작물에는 밀과 함께 보리가 올라 있으나, 세금으로 내는 곡물에는 쌀, 좁쌀, 콩은 물론이고 밀과 녹두도 보이지만 정작 보리는 보이지 않는다. 그리고 호조에서 거두고 지출하는 곡물은 쌀, 좁쌀, 콩으로서 보리는 없고, 『경국대전』에도 녹봉으로 지급하는 곡물로 쌀 외에 좁쌀, 콩, 밀이 있었지만 보리는 안 보인다.[23] 기근 시에 굶주린 백성들에게 나눠주는 진휼 품목도 주로 쌀·콩·장·미역米豆醬藿으로 보리는 언급되지 않았다.

엄밀히 말하자면 보리의 중요성도 남부지역에 국한한 것으로서 한반도 전체에 적용할 수 있는 것은 아니다. 앞서 『농사직설』에서 보리와 밀이 주곡이 떨어졌을 때 대체하는 중요한 곡물임을 언급했다고 밝혔으나, 『농사직설』은 충청·전라·경상 하삼도下三道의 농법에 관한 정보를 담은 책이므로 북부지역에는 적용할 수 없다. 〈표 2〉와 〈그림 8〉에 보이듯이 북부지역에서 보리와 밀이 전체 곡물에서 차지하는 비중은 5%, 3%로서 조의 1/7, 1/11에 불과했고, 쌀에 비해서도 1/4, 1/7에 머물러 있었다. 결국 보리는 보조 작물의 역할은 할 수 있지만 대체 작물이 될 수는 없었다.

보리 생산이 쌀보다 크게 뒤진 것은 수익률이 낮아 농부들이 선호하는 작물이 아니었기 때문이다. 정약용은 강진에서 유배 생활 중에 제자 윤종억에게 농사지어 먹고 사는 법을 알려 주면서 보리농사는 나라에서는 권할 만하나 필부의 살림 방책으로는 '천하의 형편없는 계책天下之拙算'이라 깎아내렸다.[24] 해방 이후에 보리증산계획이 계속 차질을 빚은 것도 낮은 수익성 때문이었다.[25]

그리고 보리는 격이 떨어지는 곡식이라는 인식이 있었다. 관료들의 녹봉에 보리가 없었던 것도 녹봉이 단순히 업무에 대한 대가에서 그치지 않고 나라에서 양반관료를 우대한다는 뜻을 담아 지급하는 것이기 때문이다.

벼농사의 배경과 영향

왜 우리 조상들은 벼농사를 지어 쌀밥을 먹었을까?

벼농사는 토지이용도가 매우 높다. 같은 땅에서 같은 농작물을 계속 재배하는 것은 바람직하지 않다. 토양 독성, 병충해 등의 문제가 발생하며 지력도 소모되는데, 밀은 벼보다도 지력 소모가 많았다. 그래서 유럽에서는 오랜 기간 2포제 농법을 시행하여 밀, 호밀, 귀리 등을 심어 수확하고 나서 그 땅은 1년간 쉬게 해야 했다. 점차 농법이 개량되어 3포제, 4포제 등으로 쉬는 기간이 짧아지기는 했지만 질소비료가 개발되기 전까지 땅의 일부는 번갈아 휴경지로 쉬게 하는 윤작 농법으로 농사를 지어야 했다.

그러나 벼는 그렇지 않았다. 고려 11세기 기록에서는 당시의 토지를 매년 농사지을 수 있는 불역전不易田과 1년 쉬어야 하는 일역전一易田, 2년을 쉬어야 하는 재역전再易田으로 나누고 있었다. 그러나 13세기쯤에는 거의 매년 농사를 짓는 상경연작常耕連作에 이르렀던 것으로 생각된다. 그리고 조선 후기에는 모를 옮겨심는 모내기가 확산하면서 남부지역 일부에서 이모작이 가능해졌다. 기후가 따뜻한 동남아시아 지역에서는 삼모작三毛作도 가능했고, 최고로 좋은 조건에서는 벼만 세 번 추수하는 삼기작三期作까지도 하였다.

둘째로는 벼는 파종량 대비 수확량이 많았다. 그에 비해 유럽의 주식인 밀은 파종량 대비 수확량이 훨씬 적었다. 프랑스 남부 랑그도크의 경우 1580년대 전반에는 수확량 대 파종량의 비율이 3:1 이하에 머물러 있었고, 1660대에는 평균 4:1에서 5:1 정도에 이르러 정점을 찍고는 다시 급격히 하락했다가, 1730년 이후부터 다시 서서히 증가하여 1750년 이후에 겨우 평균 6:1에 도달했다.[26] 같은 18세기에 다뉴브강 동쪽 판노니아에서는 호밀은 6:1이었으나 밀은 그에 미치지 못했다.[27] 물론 6:1이라는 것은 밀알 하나에서 싹이 터서 여섯 알이 열린다는 뜻이 아니다. 밭에 뿌린 씨앗 중에는 새가 쪼아 먹고, 들쥐가 파먹고, 땅속에서 썩어서 싹을 틔우지 못하는 것이 매우 많았다. 그래서 발아에 성공하여 수확하게 된 양과 뿌린 씨앗의 양이 평균 6:1이라는 의미이다.

그 반면에 17세기 전반 중국에 파견되었던 스페인의 예수회 신부 데 라스 코르테스^{A. de las Cortes}는 광저우^{廣州} 지역에서 벼와 밀의 삼모작을 하여 벼를 두 번 수확하는데 볍씨 한 알당 40알 내지 50알을 수확한다고 증언하였다.[28]

40알, 50알은 과장된 숫자라 할 수 없다. 이중환의 『택리지^{擇里志}』(1751)는 제목 글자 그대로 살 만한 마을을 선택하는 지침서인데, 살기 좋은 곳으로는 논에 볍씨 1말을 파종하여 60말을 거두는 곳이 제일이고, 40말, 50말을 거두는 곳이 그다음이며, 30말 이하인 곳은 땅이 메말라서 사람이 살 수 없는 곳이라 하였다. 그리고는 전라도 남원, 구례와 경상도 진주, 성주는 최고의 땅으로서, 볍씨 한 말을 뿌리는 한 마지기^{斗落} 논에서 80말에서 140말까지도 거둔다고 하였다.[29] 현재는 벼의 파종량 대 수확량이 일반적으로 1:140에 이르고 있는데 밀은 생산력이 크게 높아진 지금도 여전히 1:20 정도이다.

셋째로 쌀은 영양소가 균형 잡혀 있다. 쌀은 3대 영양소인 탄수화물, 단백질, 지방이 적절히 갖추어져 있다. 밀보다 탄수화물이 약간 많고 단백질은 적지만 쌀의 단백질은 양질의 단백질이다. 즉 필수아미노산이 적절히 함유되어 있고, 부족한 라이신lysine은 콩과 된장으로 보충할 수 있다. 그러나 밀은 류신leucine이 부족하여 빵만으로는 살기 어렵고 고기로 보충해야 한다. 아시아 지역의 육식량이 유럽보다 적었던 것에는 쌀을 먹으면 굳이 고기를 먹지 않아도 영양의 균형이 갖춰졌던 점도 한몫을 했다. 그리고 열량으로는 세계 3대 곡물이 거의 비슷한데 쌀이 1g당 3.6kcal로서 옥수수의 3.5kcal나 밀의 3.3kcal보다 약간 높다.

벼농사의 이러한 특징은 같은 면적의 농경지로 먹고살 수 있는 인구의 비율에서 확실히 드러난다. 똑같은 넓이의 땅에서 옥수수와 벼와 밀이 생산할 수 있는 칼로리는 대략 12:10:7이 된다. 그러나 옥수수 위주의 식사는 18, 19세기에 옥수수죽으로 연명하던 수많은 유럽 빈민들을 죽음에 이르게 한 펠라그라pellagra에 걸릴 위험이 있다.[30] 곡물은 아니나 옥수수보다 더 많은 사람을 먹여 살리는 것으로 감자가 있지만 감자는 보관, 운송, 병충해 등에 문제가 많아 주식 작물로 한계가 있다. 그리고 무엇보다도 감자와 옥수수는 아메리카 대륙의 산물로 과거에는 존재조차 몰랐다. 그러므로 기후조건이 맞는 아시아 몬순지대에서 벼농사를 짓는 것은 당연한 일이었다.

반면에 벼는 단점도 적지 않다. 벼는 온도, 강우량, 일조량 등이 적절해야 잘 자라는 까탈스러운 작물이다. 특히 물을 많이 먹어서 물 공급에 상당한 공을 들여야 한다. 다른 작물보다 병충해에 강하다고 말하기도 어렵다. 반면에 밀, 조, 귀리, 호밀은 추위와 가뭄에도 강하고, 척박한 땅에서도 잘 자란다. 현재 벼는 옥수수, 밀과 함께 세계 3대 작물에 올라 있지만 쌀 생산량은 밀의 2/3 정도이고, 옥수수의 절반에도 미치지 못한다. 식량보다는 사료로 더 많이 쓰이는 옥수수는 논외로 하고, 벼가 토지생산성이 밀보다 훨씬 높은데도 생산량은 밀에 못 미치는 것은, 땅을 가려서 재배 면적이 밀보다 훨씬 좁기 때문이다.[31]

벼농사는 밀농사보다 많은 노동력을 요구한다. 88八十八번 손이 가서 米라는 말도 있다. 그러므로 벼농사는 수많은 사람이 쌀을 먹고 살아가고, 그 수많은 사람의 노동력이 다시 벼농사에 투입되는 사회 구조를 만들었다.

현재 면적 3만km² 이상, 인구 1천만 명 이상의 국가 가운데 한국은 인구밀도에서 세계 3위이고 일본은 5위로서 아시아에서도 순위가 매우 높다. 이렇게 된 원인 중의 하나도 벼농사를 짓는 논에 있다. 논은 대개 사람들이 사는 집 가까이 있는데, 동남아시아 지역의 논은 물이 비교적 맑아서 장구벌레의 성장에 적합했고, 학질모기가 옮기는 열대열 말라리아가 만연하여 인구증가를 가로막았다. 그렇지만 한국과 일본의 진흙탕 물 논에서는 장구벌레가 잘 자라지 못해 말라리아 발생이 적절하게 억제되었다.[32]

우리 조상들의 벼농사와 쌀밥은 상대적으로 높은 인구밀도를 가져왔다. 그 결과 자원도 절대적으로 부족한 좁은 땅에서 수많은 사람이 서로 치열하게 경쟁하면서 입시 지옥, 취업난으로 강도 높은 스트레스를 안고 힘겨운 삶을 살아야 했다. 그렇지만 한편으로는 그 고난 속에서 키워온 힘을 발판으로 세계에서 유례를 찾을 수 없을 정도로 급속한 경제 발전을 일궈내기도 했다.

제3장

끼니와 식사량

아침저녁 두 끼와 점심

부잣집의 겨울철 이른밥과 손님의 낮것

하루 두 끼에서 세 끼로

조선 사람의 대식

아침저녁 두 끼와 점심

만약 누군가가 "하루 몇 끼?"라고 묻는다면 대부분 세 끼라고 답할 것이다. 그러나 현재 우리나라에는 세 끼 먹는 사람보다는 두 끼 먹는 사람이 더 많다. 몇 해 전 삼성서울병원 가정의학과 팀이 2016년부터 2018년까지 19세부터 49세까지의 성인남녀 7,725명을 대상으로 한 국민건강영양조사에서는 두 끼 먹는 사람이 거의 절반에 이르고, 세 끼를 먹는 사람은 1/3을 조금 넘고, 한 끼만 먹는 사람도 8명에 1명꼴이었다. 그렇지만 우리가 세 끼라고 답하는 것은 그것이 고정 관념으로 굳었기 때문이다. 그래서 식사 횟수가 3회라는 것이 아니라 그저 하루 식사를 뜻하는 말로 쓸 때는 띄어 쓰지 않고 '세

끼'라고 붙여 쓴다.

조선시대에도 하루에 세 끼를 먹고 살았을까? 그렇지 않다. 아침저녁 두 끼였다. 우리만 그런 것이 아니라 전근대 문명사회에서는 동서양을 막론하고 대개 하루 두 끼였다.

조선시대의 끼니는 점심이 빠진 아침, 저녁 식사 두 끼였다. 아침, 저녁을 이르는 고어가 '아춤, 아젹'과 '나조(ㅎ), 나죄'여서 아침밥은 '아춤밥, 아젹밥'이라 하고, 저녁밥은 '나죗밥'이라 했으며, 이를 통틀어 아침저녁 '조석朝夕: 됴셕'이라 했다. 아침밥과 저녁밥은 가장 기본적인 식사라서 왕의 식사에서도 수라水剌라는 말이 붙은 아침수라와 저녁수라가 가장 풍성했다.

이런 풍습은 조선시대에 생겨난 것이 아니다. 이미 고려시대에도 그러했다. 『고려사』에서는 하루 끼니를 조석 또는 '옹손饔飱'이라고 했는데 옹은 아침식사, 손은 저녁식사를 가리키므로 옹손과 조석은 같은 말이다.

그렇다면 점심을 먹지 않았나? 점심은 먹다가 안 먹다가 했고, 먹더라도 아주 작은 양을 먹었다. 우리나라에서 점심이란 말은 『태종실록』의 1403년태종 3 기사에서 한양의 각 관서에서 관원들의 '점심'과 지필묵 경비를 마구 낭비하는 경향이 있으니 관리를 철저히 해야 한다는 의정부의 상소에 처음 보인다.

점심이란 아주 오래전 당나라 때 이른 아침이나 새벽의 소식을 가리키는 말에서 시작되어, 나중에는 때와 관계없이 소량의 음식을 뜻하는 말로 정착되었다. 그래서 중국에서 '點心'으로 쓰는 '디엔신'은 과자 따위의 가벼운 간식을 말하며, 중국 남부나 타이완에서 '딤섬'은 만두 몇 개 따위의 간편한 음식을 지칭한다.

점심의 유래

점심의 유래와 관련해서는 10세기 남당 유숭원(劉崇遠)의 『금화자잡편(金華子雜編)』, 12세기 남송 오증(吳曾)의 『능개재만록(能改齋漫錄)』, 14세기 원 도종의(陶宗儀)의 『철경록(輟耕錄)』에서 모두 당나라 관리 정참(鄭傪)의 일화를 들어 새벽에 먹는 소식으로 설명하고 있다. 정참이 매우 인색해서 밥을 지을 때마다 곳간의 열쇠를 자신에게 받아가게 했다. 하루는 정참의 집안 식솔이 부인에게 새벽밥을 조금 차려왔는데 마침 부인의 아우가 찾아오자 "나는 지금 치장을 마치지 못해서 밥을 먹을 수 없으니 네가 점심하면 되겠디" 하니 아우가 물만밥 몇 숟가락이 담긴 밥그릇을 비웠다. 그래서 나중에 계집종이 다시 부인이 먹을 밥을 지으려고 곳간 열쇠를 달라고 하자 정참이 이미 주었으면 그만이지 왜 또 달라는 거냐며 꾸짖었다는 것이다. 새벽의 소식을 점심이라 한다면, 점심은 뒤에서 설명할 이른밥, 조반(早飯)과 통하는 말이다. 그런데 후에는 때와 무관한 소식으로 뜻이 변했다.

점심이란 말의 뜻에 대해서는 여기저기서 마음에 점을 찍듯이 조금 먹는 음식으로 해석하고 있다. 그런데 먹는 행위를 왜 '마음에' 점을 찍는다고 했는지 납득하기 어려운 이상한 해석이다. 다른 해석으로는 마음에 점화한다는 것이다. 허기가 져서 기운이 없고 집중력이 떨어졌을 때 정신에 불을 반짝 붙여 활기를 회복할 정도로 조금 먹는다는 뜻이다. 영어에서 스낵이나 간식을, 생기를 회복한다는 뜻의 리프레시먼츠 refreshments로 표현하는 것과 같은 이치이다. 그럴듯한 해석이기는 하지만 정신이나 기운에 불을 붙이지 않고 마음에 불을 붙인다는 말이 걸린다.

지금까지 제시된 것 외에 빈속에 조금 먹는 것으로 해석해 볼 수 있다. 한자어에서 점點은 '고기 한 점'이라는 말처럼 아주 조금을 지칭한다. 그리고 빈속, 즉 먹은 것이 없는 공복空腹을 중국에서 공심空心이라 표현했고 공심이라는 말은 우리나라 한의서에서도 그리 드물지 않게 볼 수 있다. 그러므로 빈속空心에 허기를 메우기 위해 먹는 몇 점 정도의 음식이라는 해석이 가장 합당하다고 생각한다.

조선의 점심도 소식을 가리키는 말이었다. 대개 양이 적었고 반찬도 간단했으며 때로는 밥 대신에 소량의 국수, 물만밥이나 떡 두세 개 또는 참외 하나로 대신하기도 했다. 18세기 영조 때 유생 윤기^{尹愭}가 성균관에서의 일상생활을 그린 「반중잡영^{泮中雜詠}」에서도 유생들에게 지급한 점심은 흰밥 몇 숟가락에 미역 몇 조각이 전부였다 한다.

그리고 과거에는 점심이 서양의 런치처럼 때와 무관한 소식을 가리키는 말로 쓰였다.

점심과 런치의 닮은 점

'런치(lunch)'는 대체로 햄이나 소시지 따위를 얇고 길쭉하게 썬 조각을 뜻하는 스페인어 롱하(lonja)에서 온 말로 알려져 있다. 즉 점심처럼 간단한 식사를 뜻하는 말이었다. 아침, 저녁을 먹던 영국에서는 산업혁명 이후 노동시간이 길어져서 노동자들이 아침 일찍 출근해서 저녁 늦게 퇴근하게 되자 공복 상태가 길어졌고 그래서 낮에 간단하게 런치를 먹었다. 조선의 낮점심이 낮밥이 된 것과 마찬가지였다. 한편 미국에서는 런치를 밤에 먹기도 했다. 19세기 후반에 미국의 산업이 발달하면서 노동자들은 밤늦게까지 일을 해야 했다. 그래서 일을 마치고 나면 출출해서 뭔가 먹으려 해도 식당과 술집이 모두 문을 닫았다. 이때 야간 노동자들을 대상으로 스낵 따위의 간단한 식사를 파는 마차가 런치 왜건(lunchwagon)이라는 이름으로 등장했고, 나중에는 규모가 커져서 트럭이나 버스에서 팔기도 했다. 점심이 그렇듯이 런치에도 처음에는 낮의 식사라는 개념이 없었다.

16세기 중엽 이문건의 일기를 보면 그런 예가 적지 않다. 1544년 11월에 중종이 사망하자, 승문원 판교 이문건은 빈전도감殯殿都監의 낭관으로 차출되어 도감에서 근무하게 되었다. 그는 1545년 윤정월 14일의 일기에 "아침에 죽을 먹고 도감으로 출근하여 동료들과 방에 모여 앉았다. 점심 후에 동료들은 혼전魂殿 수리처修理處로 가고 나는 홀로 방에 남아… 오점심午點心, 석점심夕點心을 모두 혼자 먹고 밤에 돌아와 잤다"라고 썼다. 이날 이문건은 아침밥으로 죽을 먹고 중간에 점심을 먹고 다시 낮점심을 먹고 또 저녁점심을 먹었다. 점심을 오전에, 한낮에, 저녁에 모두 세 번 먹은 것이다.

이뿐만이 아니다. 이문건은 을사사화로 인해 1546년에 경상도 성주로 유배되어 그곳에서 생을 마쳤는데 성주에서의 일기에도 점심과 관련된 특이한 기록들이 많다. 그는 점심을 해 뜨기 전 새벽에 먹기도 하고, 아침에는 조점심을, 낮에는 오점심을, 해질녘에는 모점심暮點心을, 저녁에는 석점심을 먹고, 밤중에도 점심을 먹고 심지어는 한밤중 3경에도 자리에서 일어나 점심을 먹었다.

그런데 주된 식사가 아침과 저녁에 있었으므로 점심은 대개 그 사이의 낮에 먹었다. 그래서 점심이라는 말은 점점 낮점심晝點心·午點心을 뜻하게 되었고, 결국 18세기 쯤에는 '낮밥'이라는 말을 제치고 낮에 먹는 밥의 의미로 굳어졌다. 그 이후로 간단한 식사는 점심 대신에 '요기療飢'라는 말로 대체되었다.

한편 낮밥午飯·晝飯이란 말도 있었다. 지금은 쓰지 않는 말이지만 과거에는 점심點心과 함께 자주 쓰던 말이었다. 점심에는 소식이라는 의미가 담겨 있지만 낮밥은 그렇지 않다. 풍성한 차림이건, 빈약한 차림이건 관계없이 말 그대로 낮에 먹는 밥을 말한다. 그러므로 낮점심을 낮밥으로 불러도 무방하다.

부잣집의 겨울철 이른밥과 손님의 낮것

해가 긴 여름에는 아침밥과 저녁밥 사이의 간격이 길어 낮에 점심을 먹었지만, 해가 짧은 겨울에는 저녁밥은 일찍 먹고 다음 날 아침밥을 늦게 먹어서 그사이의 공백 시간이 길었다. 그런데 과거에는 대개 새벽에 일찍 일어나 활동을 시작했으므로 속이 출출했다. 그래서 아침밥 먹기 전에 자리에서 일어나 허기를 메우기 위해 간단한 식사를 했다. 그것을 '이른밥', '조반早飯'이라 했다. 따라서 이른밥은 서양의 단식을 깬다는 의미의 '브렉퍼스트breakfast'와 비슷한 개념의 식사라 할 수 있다. 이른밥으로는 위에 부담을 주지 않기 위해 대개 간편하게 흰죽을 먹었고 때로는 율무죽 '응이薏苡'를 먹기도 했다. 이른밥은 잠자리에서 일어나 그 자리에서 먹는다는 뜻으로 '욕식褥食'이라고도 하여, 지금은 '자릿조반'이라는 이름으로 남아 있다.

다만 여름에는 모내기, 김매기 등으로 활동량이 많아 일반 백성들도 점심을 먹었지만, 겨울의 이른밥은 부자들이나 먹던 밥이었다. 그리고 예전 기록의 '조반早飯'이나 '이른밥'은 아침밥 또는 이른 아침밥을 지칭할 때도 있다.

이른밥 조반(早飯)과 브렉퍼스트(breakfast)

이른밥은 자리에서 일어나자마자 일시적으로 시장기를 해결하기 위한 소량의 식사이고, 서양의 브렉퍼스트는 깨뜨린다는 브레이크(break)와 단식이라는 패스트(fast)가 합쳐진 말로서 전날 저녁부터 시작된 긴 공복 상태의 단식을 깨뜨리는 식사이다. 다만 유럽에서도 대륙과 섬나라 영국의 아침식사는 달랐다. 점심과 저녁이 주된 식사인 대륙 쪽의 컨티넨털 브렉퍼스트는 차나 우유와 함께 빵 몇 조각에 버터, 잼 정도로 끝난다. 그래서 아침식사를 뜻하는 독일어의 프뤼슈튁(Frühstück)은 '이른(früh)'과 한 '조각(Stück)'이 결합된 말이고, 프랑스어의 프티데죄네(petit-déjeuner)에는 작다는 뜻의 '프티(petit)'가 붙는다. 그러나 아침과 저녁이 주된 식사인 영국의 잉글리시 브렉퍼스트에는 달걀프라이, 베이컨, 소세지, 토스트, 푸딩 등 풍성한 음식이 차려지며 초기에 영국의 영향을 많이 받았던 미국에서도 그러했다. .

한편 정식 끼니에는 포함할 수 없지만 '낮것' 또는 '주물畫物'이라 부르는 식사가 있었다. 점심이나 낮밥과는 별도로 낮에 손님 접대를 위해 차려내는 식사이다. 그러므로 보통 때는 보기 힘든 각종 별식과 함께 과일, 술이 나오기도 하고 때로는 상에 상을 장식하는 조화로 상화床花가 놓이기도 한다. 『원행을묘정리의궤園幸乙卯整理儀軌』를 보면 1795년에 수원 화성에서 열린 혜경궁 홍씨의 회갑연에서는 낮것을 '주별미畫別味'라는 이름으로 70상을 내었는데 밀국수小麥麪, 수박西苽, 정과正果, 수정과水正果, 수상화水霜花, 완자탕莞子湯, 절육截肉, 전유화煎油花, 어채魚菜로 아주 화려한 음식을 차렸다.

한편 지금도 간혹 쓰이는 '다담茶啖'이란 말은 예전에는 흔히 '츳담'이라고 불렸는데 지금의 다과상을 말한다. 이는 정식 상이 차려지기 전에 우선 요깃거리로 내오기도 하고, 음식을 다 먹은 후 후식으로 내오기도 한다. 식사와 무관한 간식 또는 서양의 애피타이저나 디저트에 해당하는 셈이다.

하루 두 끼에서 세 끼로

예전에는 하루 두 끼가 일반적이었다. 조석 끼니라는 말이 이를 증명한다. 하루 두 끼 전통은 이미 삼국시대부터 있었던 것으로 보인다. 하지만 끼니 수는 무엇을 끼니로 간주하는가에 따라 달라지기도 한다. 이익이 『성호사설星湖僿說』에서 부자들은 하루 7끼도 먹는다고 한 것은 간식 정도의 식사를 끼니에 포함했기 때문이다. 조선시대 왕은 하루 다섯 끼를 먹었다고 하지만 이른밥 초조반初早飯이나 점심, 야참은 간단히 먹어서 사실상 아침수라, 저녁수라 두 끼라고 해도 무방한데, 실제로 영조와 정조는 두 끼만 먹었다.

끼니 수는 계절에 따라 달랐다. 우선 여름에는 해가 길고 농번기이기도 해서 하루 두 끼에 간단한 낮점심이 덧붙여졌다. 그러므로 대개 춘분 전후부터 추분 전후까지는 세 끼를 먹었는데 중간에 낮에 먹는 양이 매우 적어서 굳이 말하자면 두 끼 반이라고 해도 무방할 것이다.

그런 사례는 상당히 많다. 세종 때 사학四學의 생도들에게 해가 긴 여름에는 점심거리를 지급하고 해가 짧은 겨울에는 등불을 밝힐 기름을 지급했다 한다. 그리고 영조 때 성균관에서는 음력 2월 상순에 봄 석전제釋奠祭를 지내고 나서 음력 8월 상순에 가을 석전제를 지내기까지 간단한 점심을 지급하였다고 한다. 한편 16세기에 이문건은 일기에서 1553년 윤3월 3일 양력 4월 15일에 세 끼를 먹기 시작했다고 쓰고, 1563년 8월 18일 양력 9월 5일에는 낮밥을 중지했다고 썼다. 이규경도 『오주연문장전산고五洲衍文長箋散稿』에서 음력 2월에서 8월까지는 하루 세 끼를 먹고, 9월에서 정월까지는 하루 두 끼를 먹는다고 하였다.

끼니 수는 활동량에도 좌우되었다. 힘든 일을 하는 일꾼들에게는 계절과 관계없이 낮밥이 제공되었다. 성종 때 경기도 고양군에 창릉昌陵을 조성하면서 부역하는 군인들에게 낮밥 쌀을 지급하게 했고, 선조 연간 부산에 성을 쌓을 때도 군졸들에게 하루 세 끼를 주었으며, 영조 연간에 영희전永禧殿을 중수

할 때도 공장工匠과 모군募軍들에게 점심을 지급하였다.

여행객들도 먼 길을 다니다 보면 쉽게 허기가 지므로 냇가 그늘이나 주막에서 낮밥으로 중화中火를 먹었다. 왕도 보통 때는 낮점심으로 간단한 차림의 주선晝饍을 먹었지만 장거리 거둥擧動 중에는 주정소晝停所에서 잠시 쉬어 잘 차려진 낮수라晝水刺 상을 받았다.

여름에 세 끼를 먹고 겨울에 두 끼를 먹었던 것도 여름은 해가 길기도 하지만 활동량이 많은 농번기이고 겨울은 농한기이기 때문이다.

한편 지금은 부자나 가난뱅이나 세 끼 먹기는 마찬가지라고 하지만 예전에는 지위와 빈부의 차이에 따라서도 끼니 수가 달랐다. 그래서 정조는 사람들이 조금만 살림이 나아지면 하루 세 끼를 먹으려 한다고 비판했다.

지위의 차등에 따른 끼니 수의 차이도 이따금 볼 수 있다. 성종 때 세종의 손자 귀성군 이준李浚을 경상도 영해로 유배 보낼 때 처첩에게는 세 끼 거리 양식 쌀을 주고 계집종에게는 두 끼 거리를 주도록 하였다. 정조 때 선대 왕과 왕비의 제삿날인 국기일國忌日에 궁궐 안 사람들에게 선반宣飯을 내릴 때도 왕, 왕비, 세자, 세자빈의 유모에게는 세 끼를 지급하고, 그 이하 상궁, 무수리水賜, 바기巴只, 물어미水母, 방자房子에게는 두

그림10 김홍도의 8폭 병풍도. 보자기를 씌운 점심 공고상(公故床)을 이고 다리를 건너는 계집종. 파리 기메미술관 소장

끼를 지급하도록 하였다.[33]

 조선 전기에는 관서에 따라 일정 관품 이상의 관원에게는 계절에 무관하게 점심이 지급되었다. 그런데 큰 가뭄이 들기라도 하면 재정 절감을 위해 점심을 없애는 일이 종종 있었다. 1573년 선조 6부터는 재정 형편이 계속 어려운 지경에서 헤어나지 못하게 되자 예산서에 기재된 당상관들의 점심을 제외한 나머지 관원들의 점심은 집에서 가져다 먹도록 하였다. 그래서 계집종들은 공고상 公故床 을 머리에 이고 관청으로 점심을 날랐다 〈그림 10·11〉.

그림 11 공고상(公故床, 지름 43cm, 높이 28cm). 머리에 이고 나르기 편하게 앞은 트여 있고 좌우로 손잡이 구멍이 있다. 국립민속박물관 소장

그러나 하루 몇 끼였냐고 묻는다면 역시 두 끼라고 답해야 한다. 일제강점기에 일본인 군의관들이 한반도 북부 여러 곳을 돌아다니며 조사한 바로도 계절에 따라, 빈부에 따라, 활동량의 다과에 따라 끼니 수가 달랐지만 대개 두 끼였다고 한다. 그러다가 20세기 초 도시민, 공장 노동자의 생활에 하루 세끼라는 관념이 통용되다가 전 지역, 전 국민이 세 끼를 챙겨 먹게 된 것은 20세기 후반부터로 보아야 할 것이다.

오늘날 하루 세 끼를 먹게 된 데에는 몇 가지 이유가 있다.

첫째로 사람들의 활동량이 크게 늘었다. 전근대사회에서는 바쁘게 살지 않았으나 산업화가 진행되면서 일거리도 많아지고 활동량도 늘었다. 에너지 소비가 늘었으므로 많이 먹어야 했다.

둘째로 계절에 따른 활동량의 차이가 사라졌다. 예전에는 해가 긴 여름에는 활동을 많이 하여 세 끼를 먹고 해가 짧은 겨울에는 활동을 적게 하고 두 끼를 먹었다. 그러나 지금은 사정이 달라졌다. 조명기구가 발달하여 해가 길고 짧은 것이 의미가 없어졌다. 여름이라고 일찍 일어나서 늦게 자고, 겨울이라고 늦게 일어나서 일찍 자지 않는다. 게다가 여름과 겨울의 활동량도 지금은 별반 차이나지 않는다.

셋째로 생활 형편이 크게 나아졌다. 예전에는 식량이 모자라서 세 끼를 먹을 수 없었다. 그러나 지금은 농업생산성이 크게 향상되고, 식량 수요를 충분히 감당할 만큼 국민소득이 높아졌다.

 결국 예전의 기본적인 끼니는 두 끼였다. 여기에 여름에는 간단한 점심을 더하여 세 끼를 먹었고, 그 밖에도 일을 많이 하거나, 여행할 때는 세 끼를 먹었으며, 경제적으로 여유가 있으면 평상시에도 세 끼를 먹을 수 있었다. 그러나 사람들은 대부분 두 끼로도 만족했을 것이다. 조선시대의 곡물 생산량은 두 끼를 먹기에도 부족했기 때문이다.

조선 사람의 대식

우리나라 사람들은 유별나게 많이 먹었다. 이미 15세기에 성현成俔은 『용재총화慵齋叢話』에서 "가난뱅이는 빚을 내어서라도 실컷 먹어대고, 군사들 이동에는 군량 짐이 반을 차지하며, 벼슬아치들은 이른밥, 아침밥, 낮밥에 수시로 회음會飮을 한다"라고 비판하였다.[34] 성종 때 큰 기근이 들어 전라도에 진휼사賑恤使로 파견된 이극돈도 풍년에는 먹을 것을 아끼지 않아 중국 사람이 하루 먹을 분량을 한 끼에 해치우고, 수시로 먹고 마셔서 먹을 것이 바닥나면 이듬해에 쓸 종자와 양식까지 고을 창고에 의지하는 일이 일상적인 행태가 되었다고 개탄하였다. 『대동운부군옥大東韻府群玉』에는 "아침저녁 거리를 요량하여 적절히 분배하지 않고 먹을 것이 생기는 대로 양껏 먹어서 아침에는 실컷 배불리 먹다가 저녁이 되면 굶었다" 하여 '조포석기朝飽夕飢'라는 말도 있었다.[35]

조선인들의 대식은 외국에까지 알려져 있었다. 이익李瀷은 『성호사설星湖僿說』에서 유구국琉球國: 오키나와 사람이 그곳에 떠밀려온 조선인에게 너희 풍습에 늘 큰 사발에 쇠숟갈로 밥을 떠서 잔뜩 먹으니 어찌 가난해지지 않겠느냐며 웃더라면서, 우리나라 사람이 많이 먹는 것은 천하제일이라 하였다. 이 말은 이덕무의 『청장관전서青莊館全書』에, 그 손자 이규경의 『오주연문장전산고』에도 기록되었다.

일본에 와 있던 선교사들은 일본에서 또는 임진왜란 당시 일본군을 따라 조선에 건너와서 보고 들은 일들을 포르투갈, 스페인의 예수회에 보고하면서 대개 조선인의 두 가지 특징을 지적했다. 하나는 활을 잘 쏜다는 것이고 또 하나는 밥을 많이 먹는다는 것이었다. 대한제국기 외국인들의 견문기에도 대식에 관한 이야기가 계속 이어졌다. 프랑스 파리외방전교회의 선교사 달레C. C. Dallet는 『조선교회사』에서 조선인의 큰 결점은 빈부귀천에 무관하게 나타나는 대식大食이라고 하였다. 일본에 머물러 있던 그리피스W. E. Griffis는 조선인의 대식은 일본인, 중국인, 프랑스인, 네덜란드인이 공통으로 증언하고 있으며 일본 기록에 따르면 일본인의 배를 먹는다고 하였다.[36] 일본에 간 통신사는 밥이 찻잔만 한 그릇에 담겨 나오자 체면상 더 달라고 하기도 어려워 난감했던 일을 기록으로 남기기도 했다.

그렇다면 조선인들은 얼마나 먹었을까? 『청장관전서』와 『오주연문장전산고』에서는 성인 남자의 한 끼 식사량으로 7홉을 표준으로 삼았다.[37] 한 끼 7홉은 여러 자료에서 확인된다. 판소리 사설 「박타령」에서는 흥보 아내가 박에서 나온 쌀로 밥을 지을 때 식구 27명이 먹으려면 1말 8되 9홉이 적절한데 가난한 살림살이에 쌀밥을 지어본 적이 없어 너무 많이 지었다고 흉을 보았다.[38] 189홉을 27명으로 나누면 1인당 7홉이 된다. 한편 전라도 영암에 살았던 남평 문씨 가문의 지출 기록으로 『족계용하기族契用下記』(1741~1928)와 『소종계용하기小宗契用下記』(1819~1883)가 남아 있는데 그 장부에서는 반상班常을 구분하지 않고 성인 남자에게 한 끼로 제공한 쌀의 양을 근 200년 동안 시종일관 7홉으로 기록하였다.[39]

그런데 여자는 남자보다 덜 먹고, 노인과 어린아이는 장년보다 덜 먹기에 7홉을 평균으로 삼을 수는 없다. 이규경은 한 끼 식사량을 성인 남자 7홉, 여자 5홉, 어린아이 2홉으로 보아 평균 5홉을 표준으로 삼고서, 하루에 두 끼로 1되를 먹고 한 달이면 3말, 1년이면 2섬 6말 즉 36말을 먹는다고 하였다. 1783년^{정조 7}에 병조 참판 유의양이 한성부 20만 명의 식량을 계산할 때도 1인당 36말을 적용했고,[40] 1788년에 호조 좌랑 박일원이 편찬한 『탁지지』에서도 마찬가지였다.

그런데 그때의 도량형은 1446년^{세종 28}에 정해진 것으로 지금의 도량형과 다르다. 조선의 1말은 약 6리터였으나 1902년

그림 12 1893년에 'Corée, bon appétit!(코리아, 많이 드세요!)'라는 제목으로 프랑스 엽서에 실린 유리원판 사진. 밥주발 국대접이 엄청나게 크다.

대한제국기에 크게 바뀌어 18리터가 되었고 그 후로도 약간의 변동이 있었다.[41] 1말이 6리터이면 1인당 평균 5홉은 0.3리터이고 쌀 비중 0.8을 적용하여 환산하면 240g이 된다. 현재 식당에서 제공하는 공깃밥 한 그릇에 쌀이 대략 100g이 들어가는 것을 고려하면 조선시대 사람들은 평균적으로 한 끼에 지금의 공깃밥 두 그릇 반을 먹은 셈이다. 하루 두 끼로 한 달이면 14.4kg이니 거의 20kg 한 포대의 3/4을 먹었던 셈이며, 1년이면 두 가마를 훌쩍 넘긴다. 우리 조상들의 식사량이 엄청났던 것은 19세기 말, 20세기 초의 밥그릇 크기나 식사 모

조선시대의 도량형과 공양미 300석의 가치

효녀 심청이 공양미(供養米) 300석에 팔려갔다고 한다. 그것을 현재 화폐로 환산하면 대체 얼마일까? 조선의 섬[石]에는 평석(平石)과 전석(全石) 두 가지가 있어서, 세금을 징수하고 재정수지를 계산하는 관(官)에서는 15말[斗] 평석을 쓰고, 민간에서는 20말 전석을 썼다. 공양미 300석에 민간의 전석을 적용하면 6,000말이 된다. 당시의 1말은 6리터로 쌀 무게로는 4.8kg이므로 6,000말은 28,800kg으로 지금의 360가마이다. 2024년 현재 시세로 20kg 한 포대 6만 원을 적용하면 300섬은 8,640만 원이다. 다만 조선시대에는 계절에 따라, 지역에 따라 쌀값의 편차가 매우 커서 일률적으로 말하기는 어렵다.

습을 찍은 사진으로도 종종 볼 수 있다〈그림 12〉.

요즘은 "맛있게 드세요!"라는 말을 종종 들을 수 있는데, 50년 전만 하더라도 좀처럼 듣기 어려운 말이었다. 영어에서는 즐긴다는 말을 넣어 "인조이 유어 밀Enjoy your meal!"이라 하고, 독일어와 프랑스어에서는 좋은 식욕이라는 표현을 써서 "구텐 아페티트Guten Appetit!", "봉 아페티Bon appétit!"라고 하는데 그 서양 언어를 어색하게 직역해서 끌어쓴 것이다. 우리는 맛있게 먹으라고 하지 않고 많이 먹으라고 했다. 그 말은 19세기 말, 20세기 초에 한국을 방문한 선교사, 기자, 여행가들이 어딘가에 초청되어 밥을 먹으면 반드시 듣게 되는 말이었다.

제4장

면류 음식

밀가루와 메밀가루의 공조

면(麵)과 병(餠)의 혼란

국수와 수제비, 그리고 나화

비슷하지만 다른 만두와 상화

밀가루와 메밀가루의 공조

면류 음식은 곡물가루를 반죽하여 만든 국수, 수제비, 만두와 같은 음식을 말한다. '麵면'이란 지금은 대개 국수를 말하지만 초기에는 밀가루나 보릿가루를 뜻하는 글자였고, 후에는 곡물가루 또는 곡물가루로 만든 음식을 가리키게 되었다.

면류 음식 재료로 쓰이는 가루를 내는 곡물로는 밀, 메밀, 녹두, 보리 등이 있었다. 물론 쌀가루로 만든 음식도 있었다. 떡 중에 팥시루떡이나 백설기白雪糕는 시루 안에 쌀가루를 켜켜이 넣고 쪄서 만든 떡이고, 증편蒸餠·蒸片은 쌀가루를 술로 반죽하여 효모의 작용으로 부풀게 한 뒤 쪄낸 것이므로 논리적으로만 말하자면 그것들도 가루음식이다. 그렇지만 우리는 관례상 백설기나 증편을 면류 음식이라고는 하지 않는다.

초기에 곡물가루를 가리켰던 면은 주로 밀가루를 지칭하는 말이었고 특히 중국에서 그러했다. 그런데 우리나라 면류 음식에는 밀가루 못지않게 메밀가루가 많이 쓰였다.

1950년대에 한국은 식량 사정이 매우 나빴고, 반면에 미국은 농산물의 만성적인 과잉생산으로 농업불황을 겪게 되었다. 그래서 1955년에 한미간에 잉여농산물협정이 맺어져서 미국 공법 480조^{PL480}에 따라 1955년부터 1971년까지 미국의 밀가루가 대량으로 한국에 공급되었다. 그 결과 우리나라의 식량 사정은 호전되었지만, 밀 농사는 몰락하고 말았다. 그 이후로 밀은 필요한 거의 전량을 수입에 의존하여 현재 자급률이 1~2%에 불과한 실정이다. 1990년대에 일었던 우리 밀 살리기 운동도 뚜렷한 성과를 거두지 못했다. 앉은뱅이밀로 대표되는 토종 밀은 품질 면에서는 수입 밀보다 우위에 있었지만 가격 경쟁력에서는 수입 밀의 상대가 될 수 없었다.

그렇다면 그 이전에는 우리나라에서 밀 생산량이 많았을까? 그렇지도 않았다. 1910년대 통계를 보면 밀 수확량은 콩의 절반, 보리의 1/4 정도에 머물렀다. 밀 재배는 지금처럼 저조하지는 않았지만 그렇다고 해서 다른 곡물보다 뚜렷이 활발한 것도 아니었다.

밀은 벼보다는 척박한 환경에서도 잘 자라지만 우리나라에서 벼에 버금갈 만큼 재배하기 적절한 작물이라고 할 수는 없었다. 유럽과 서아시아처럼 겨울에 비가 많이 오고 여름에는 건조한 지역에서는 밀이 잘 자란다. 그러나 밀이 익어 수확하는 6월 초순이 고온다습한 우리나라 기후조건은 밀 농사에 좋은 기후라 보기 어려웠고, 수확 철에 큰비가 내려 한 해 농사를 망치기도 했다.

밀은 쌀이나 보리와는 달리 알갱이 상태로 입식粒食을 하지 않고 가루 상태로 분식粉食을 했다. 밀은 보리처럼 낟알 가운데가 움푹 패어 있어 껍질 벗겨내기가 쉽지 않고, 껍질은 딱딱한 데다가 속은 물러서 보리처럼 껍질을 벗기려고 찧다가는 속의 알곡이 부서지기 십상이다. 그래서 쌀이나 보리는 찧거나 대껴서 속껍질을 벗겨내어 알갱이를 먹지만, 밀은 통째로 가루로 만들어 체로 쳐서 껍질 부분에 해당하는 노란 밀기울을 걸러내고 남은 하얀 가루로 음식을 만들어 먹었다.

밀은 쓰임새가 많은 곡물이었다. 밀가루에 물을 붓고 반죽을 하면 글루텐이라는 단백질 혼합물로 인해 끈적끈적한 점성이 생겨서 반죽이 잘 뭉쳐진다. 그래서 국수나 수제비 같은 음식과 아울러 유밀과油蜜果, 강정, 다식, 산자 따위의 과줄을 만들어 먹기 편했다. 그리고 밀가루에 술이나 삭임효모을 넣어 반죽하면 효모균의 발효과정에서 생겨난 탄산가스로 인해 반죽 안에 작은 기포들이 생기고, 그 반죽에 열을 가하면 기포가 팽창하여 반죽이 부풀어 오른다. 그래서 먹음직하고 보암직한 여러 음식을 만들 수 있었다.

밀의 중요한 용도는 또 있다. 술 빚는 핵심 재료인 누룩을 밀을 빻아서 만들었다. 얼마나 많은 밀이 술 빚는 데 쓰였는지는 알 수 없으나 그 양이 상당했음은 충분히 헤아릴 수 있다.

밀은 소맥小麥 외에 진맥眞麥이라고도 했고 『경국대전』에서도 그렇게 표기했다. 그리고 밀가루도 대개 진가루眞末로 불렀다. 밀은 쓰임새가 많은 귀한 곡물이었기 때문이다.

그렇지만 밀은 필요한 만큼 충분한 양이 생산되지 않았다. 12세기에 고려에 다녀간 송나라 사신 서긍徐兢의 『고려도경高麗圖經』에서도 고려에는 밀이 적어서 장사치들이 경동도京東道: 중국 동북부에서 사오는데, 밀가루값이 대단히 비싸서 큰 잔치가 아니면 쓰지 않는다고 하였다.

한편 메밀은 교맥蕎麥이라 쓰는데, 우리나라에서는 대개 목맥木麥이라고 쓰고, 껍질 벗긴 메밀쌀은 목미木米, 메밀가루는 목말木末이라고 하였다.

메밀 생산량이 집계되기 시작한 1913년부터 10년간의 곡물 생산량을 보면 대략 쌀, 보리, 콩, 밀의 순으로 절반씩 줄어들었다. 밀은 보리의 25%가 생산되었고 메밀은 밀의 30%를 약간 밑돌았다. 밀이 귀했다고는 하나 메밀에 비하면 3배 넘게 생산된 것이다. 밀이 비싸고 귀했다는 것은 쓰임새에 비해 공급량이 모자랐다는 것이지 메밀보다 귀했다는 뜻은 아니다.

밀가루를 조금도 넣지 않고 메밀가루만으로 음식을 만들어 먹기는 매우 불편했다. 글루텐 성분이 없는 메밀은 반죽해도 끈적끈적한 점성이 없어서 잘 뭉쳐지지도 않고 늘이면 가닥이 뚝뚝 끊기기 때문에 국수를 만들기가 매우 어렵고, 만들었어도 오래 두면 점성이 풀어져서 만들자마자 곧바로 먹어야 한다. 그래서 메밀가루로 음식을 만들 때는 밀가루나 녹두가루를 섞어서 썼다. 『원행을묘정리의궤』에서 혜경궁에게 올린 국수도 메밀가루와 녹두가루를 6:1의 비율로 섞어서 만들었고, 『규합총서閨閤叢書』에서 메밀산자를 만들 때는 메밀가루와 밀가루를 아예 반반으로 섞어 반죽하라고 하였다.

메밀로 만든 대표적인 음식이 냉면이다. 냉면은 메밀가루를 반죽해 뽑아낸 국수에 돼지고기 또는 꿩고기와 간단한 고명을 얹어 김칫국이나 동치미 국물에 말아 먹는 겨울 음식이다. 메밀의 주요 생산지는 평안도와 황해도, 강원도였다. 1913년 통계에 따르면 메밀 생산량 32만 석 가운데 평안도에서 38%, 황해도에서 14%, 강원도에서 13%가 생산되었다. 그래서 일제강점기의 메밀 냉면으로는 평양냉면과 해주냉면이 있었다.

18세기 말의 평양 지도에 '냉면거리冷麵街'가 표시된 것으로 보아 평양냉면은 유래가 꽤 오랜 것으로 보인다. 평안도 지역에서는 그것을 냉면이라 부르기도 하고 그저 국수라고 부르기도 했다. 평안북도 정주 출신의 백석은 1941년에 발표한 「국수」라는 시에서 '함박눈이 푹푹 쌓이는 어느 하루밤', '겨울밤 쩡하니 익은 동치미국을 좋아하고', '싱싱한 산꿩의 고기를 좋아하고', '산멍에 같은 분틀을 타고 오는 것'을 국수라 했는데 겨울에 분틀국수틀로 뽑아내어 동치미국에 말아 꿩고기를 넣고 먹는 국수는 바로 냉면이다.

평안도에서 그저 국수, 냉면이라 부르던 메밀국수는 일제강점기에 서울의 음식점에서 판매되면서부터 평양냉면이라는 이름이 붙게 되었다. 그때 냉면은 겨울이 아니라 계절에 상관없이 먹게 되었고, 여름에는 동치미 국물을 얻을 수 없어서 고기 삶은 물에 말아 먹는 국수로 바뀌었다. 그래서 여름에 상하기 쉬운 육수에 말아낸 냉면을 먹다가 벌어진 집단 식중독 사고가 가끔 신문 지면을 장식하기도 했다.

한편 함흥냉면은 메밀이 아니라 감자 전분으로 만든 것이다. 감자를 물에 담가 두었다가 꺼내어 갈고 주물러서 앙금을 내고, 앙금에 다시 물을 부어 가라앉힌 뒤 건져서 말리면 하얀 가루가 되는데 그것이 감자 전분이다. 1911년의 통계를 보면 전국 감자의 8할이 함경도에서 생산되었다. 함경도에서는 풍부한 감자를 활용하여 감자 전분으로 '농마국수'를 만들어 먹었다. 본래 녹말菉末이란 녹두가루를 말하는데, 후에는 감자, 고구마, 옥수수 전분도 모두 녹말綠末이라 불러서 감자 전분을 농마라는 방언으로 부른 것이다. 한국전쟁 이후 서울에 정착한 함경도 피난민들은 농마국수에 고향 음식인 가자미식해, 명태식해를 얹어 팔았고, 그 국수에 함흥냉면이라는 새 이름이 붙게 되었다.

앞서 말했듯이 평안도 다음의 메밀 산지는 황해도와 강원도였다. 강원도 산간지대에서는 산비탈에 메밀을 재배하는 농가가 많았다. 그래서 20세기 후반에 메밀로 냉면이 아니라 막국수를 만들었다. 막국수는 메밀을 껍질째 갈아낸 가루로 만들어서 면이 희지 않고 약간 갈색이 돌았다. 조선시대 학자 오희문은 충청도 임천현 부여군 임천면에서 피난 중이던 1595년 6월에 저녁 끼닛거리가 떨어져서 '껍질 벗기지 않은 메밀가루皮木末'로 도제비刀齊非를 만들어 온 가족이 나눠 먹었다고 했다. 강원도 산간지대의 척박한 환경에서, 전란 중의 곤궁 속에서 메밀껍질을 벗기지 않고 음식을 만들어 먹은 것은 자연스러운 일이었다.

면(麵)과 병(餠)의 혼란

지금 먹는 음식의 이름이 아주 오랜 옛 기록에 똑같은 이름으로 나와 있더라도 그것이 지금의 음식과 같은 것이라고는 단정하기 어렵다. 어떤 경우에는 이 음식의 이름이 저 음식의 이름으로 바뀐 것도 있고, 그렇게까지 뒤바뀌지는 않았더라도 오랜 시간이 흐르면서 식재료의 구성도 바뀌고 제조법까지 바뀐 것들이 많기 때문이다. 예컨대 1795년에 정조가 화성에 행차할 때 혜경궁 홍씨의 야식으로 차린 인절미引切餠에는 찹쌀 외에 팥, 대추, 석이버섯, 참깨, 잣, 곶감, 꿀 중의 몇 가지 재료가 때에 따라 바뀌어 들어갔다. 요즘 보는 인절미와는 다른 모습이었음을 짐작할 수 있다.

인절미의 경우에는 고명의 차이는 있지만 그래도 떡의 형태를 유지하고 있어 이해에 어려움이 없다. 그런데 내용이 크게 달라진 경우도 적지 않아 이름만으로는 실체를 파악하기가 어렵다. 특히 옛날 기록에서 '麪·麵·糆면'이나 '餠병'이라는 글자와 마주치면 곤혹스럽다. 지금 우리는 면은 국수이고 병은 떡이라고 알고 있으나 옛날로 돌아가면 그렇지 않았다.

　『훈몽자회』에서는 '麵'을 'ᄀᄅ가루 면'이라 했다. 초기의 면은 중국에서도, 우리나라에서도 국수가 아니라 밀가루, 보릿가루, 메밀가루 등의 곡물가루를 통칭하는 말이었다. 그런데 면은 조금씩 국수를 가리키는 말로도 쓰이다가, 나중에는 곡물가루와 국수를 모두 지칭하는 단계로 갔고, 급기야 국수를 가리키는 말로 변했다. 그래서 정약용은 면을 우리말 '국슈匊水'의 이름으로 쓰는 것은 잘못이라고 지적했다. 하지만 그 이름으로 이미 오랫동안 써 왔기에 이름을 고칠 수 없게 되었다. 일본에서도 소바蕎麥는 본래 메밀을 뜻하는 말이었는데, 지금도 여전히 메밀을 뜻하기도 하지만 메밀국수를 가리키는 말로 더 많이 쓰이고 있다.

　한편 병餠은 국수를 포함하여 각종 가루음식에 두루 쓰였다. 중국 화북지방에 밀 농사가 확산한 이후로 병은 가루음식, 특히 밀가루 음식의 통칭으로 쓰였다. 쪄서 먹는 만두 같은 것은 증병蒸餅이라 하고, 물에 삶은 것은 탕병湯餅이라 부르고, 불에 구운 것은 소병燒餅이라 하고, 기름에 튀긴 것은 유병油餅이라는 이름으로 뭉뚱그려 불렀다.

그래서 옛날 기록에 등장하는 병餅은 제조 방법에 관한 설명이 없으면 떡인지 국수인지 명백하게 구분해 내기가 어렵다. 한 예로 탕병湯餅이 그렇다. 초기의 탕병은 북송 때 황정견黃庭堅의 시에서 탕병 그릇에 은빛 줄銀線이 어지럽다고 표현한 것을 보면 분명히 국수였다. 그리고 생일, 돌잔치에는 주인공이 오래 살라는 뜻에서 기다란 가닥의 탕병, 즉 국수를 차렸다.

하지만 18세기 말에 유득공이 『경도잡지京都雜志』에서 서울의 정월 초하루 음식으로 소개한 탕병은 다르다. 찐 멥쌀을 쳐서 만든 반죽을 손바닥으로 문지르고 비벼서 길쭉한 가닥으로 만든 뒤 어느 정도 굳으면 동전처럼 얇게 가로로 썰어서 꿩고기와 함께 국물에 끓여 후춧가루를 뿌려 먹는다고 하였다. 언제부터인지 탕병이 국수가 아니라 떡국으로 변한 것이다. 그래서 탕병湯餅을 한자 순서 그대로 우리말로 옮기면 '국떡'이 되어 어색하므로 이를 억지로 병탕餅湯이라 바꿔 쓰기도 했다.

그런데 설날 떡국은 몇백 년을 이어 내려온 전통음식으로 알고 있겠지만, 조선 중기에 서울에서 시작되어 20세기에 들어와서야 전국으로 퍼진 것이라 한다.[42]

3
국수와 수제비, 그리고 나화

국수

과거의 우리 음식으로는 기록조차 사라진 것은 알 수 없으나 기록으로 남은 면류 음식으로는 지금과 같은 국수, 수제비, 만두 등이 있었고 그 밖에 지금은 거의 볼 수 없는 상화와 나화가 있었다. 그중에 가장 대표적인 면류 음식은 물론 국수이다.

기다란 가닥의 국수를 만드는 방법은 여러 가지가 있지만 크게 세 가지로 압축된다. 첫째로 반죽을 밀대로 밀어 얇게 만든 다음에 이를 몇 겹으로 접어서 칼로 썰어 만드는 절면切麵이다. 둘째로는 반죽을 국수틀 또는 분틀이라 부르는 기구의,

바닥에 촘촘한 구멍이 뚫린 분통에 넣어 눌러서 국수 가락을 뽑아내는 압면押麵이 있다. 셋째로는 반죽을 반복해서 길쭉하게 잡아 늘여서 만드는 납면拉麵이 있다.

본래 손이 많이 가는 국수 중에서도 비교적 손쉽게 만들 수 있는 국수는 절면이다. 절면의 대표 격으로는 지금의 칼국수를 들 수 있다. 일본의 우동도 본래는 칼로 썰어낸 국수였다. 칼국수를 만드는 과정은 비교적 단순하다. 가루를 물로 반죽하여 나무로 만든 편평하고 넓은 안반 위에 놓고 밀대로 밀어 얇게 편 다음에 이를 접어서 칼로 썰면 된다. 국수틀 같은 특별한 도구가 필요하지도 않다.

절면의 대표 칼국수는 17세기에 중국어 회화 학습서인 『박통사언해朴通事諺解』(1677)에 '칼국슈'라는 이름으로 처음 보인다. 그 책에서 중국의 수활경대면水滑經帶麵을 우리말로 '제믈엣칼국슈'라고 번역했는데, 물에 삶은 것을 건져내어 별도로 만든 국물에 말아 먹는 것은 건진국수라 하고, 삶은 국물과 함께 먹는 국수는 제물국수라 한다. 제믈엣칼국슈제 물의 칼국수가 바로 삶은 국물과 함께 먹는 칼국수였을 것이다.

그런데 칼국수라는 이름이 나타나기 전에 칼국수를 뜻하는 것으로 보이는 한자 표기가 있었다. 16세기 말 임진왜란 때 오희문이 피난살이를 하면서 쓴 『쇄미록瑣尾錄』에는 메밀 뽛은 가루로 만들어 먹었다는 도제비刀薺非가 여러 차례 나오는데, 만드는 방법에 관한 기록이 없어 단정하기는 어려우나 일종의 칼국수로 짐작된다. 피난살이 중에 양식이 모자랄 때 메밀가루로 만들어서 여럿이 나눠 먹었고, 어머니에게 잡숫게 해서 민망해하는 구절도 있는 것으로 보아 값비싼 재료로 복잡한 과정을 거쳐 만든 별미는 아니었던 것이 분명하다. 지금의 칼국수는 대개 바지락이나 가늘게 채 썬 호박과 감자 따위를 넣고 끓여 먹지만 바지락은 아무 데서나 구할 수 없었고, 호박과 감자는 중남미대륙에서 이곳저곳을 거쳐 한참 후에 건너온 것이므로 당시의 칼국수는 지금과는 상당히 달랐을 것이다. 그러므로 도제비를 비교적 간단한 재료와 단순한 과정으로 만드는 칼국수로 이해해도 무리가 없을 것이다.

반죽을 얇게 만들어 칼로 썬 절면은 과거의 국수 가운데 가장 큰 비중을 차지했을 것으로 짐작된다. 그것은 국수의 재료로 메밀이 많이 쓰였기 때문이다. 메밀 반죽은 점성과 탄성이 없어서 가느다란 가닥으로 길게 늘이면 뚝뚝 끊어져서 국수 만들기가 쉽지 않기 때문이다.

칼로 썬 절면 다음으로 많은 것은 압면押麵이었다. 메밀가루 반죽을 바닥에 작은 구멍이 숭숭 뚫려 있는 통에 넣고 위에서 압력을 가하여 국수 가락을 뽑아내는 것이다. 메밀 냉면이 대표적인 압면인데 지금과 같이 유압식 냉면기계가 없었던 예전에는 국수틀 또는 분틀이라 부르는 기구로 국수를 만들었다. 서유구의 『임원경제지林園經濟志』에 면자麵榨라는 이름으로 소개된 국수틀은 큰 통나무 중간에 둥근 구멍을 파내고, 그 안에 바닥에 작은 구멍을 무수히 뚫은, 분통이라 부르는 원통형 무쇠틀을 장착한 것이다. 자그마한 분통에 반죽을 넣고 지렛대로 눌러 힘을 가해서 바닥의 작은 구멍으로 국수를 뽑아내면 밑에 받쳐둔 솥의 끓는 물에서 국수 가락이 익는다〈그림 13〉. 그것을 건져 찬물에 헹구어서 육수 따위의 국물을 붓고 고명을 얹어 먹는다. 현재 박물관에 남아 있는 여러 국수틀은 『임원경제지』의 설명과 일치한다.

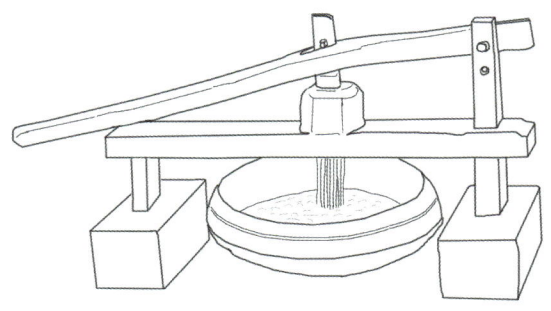

그림13 국수틀(분틀)

국수틀은 19세기 말 김준근의 풍속화에 보이고, 1909년에 경성일보 기자 우스다 잔운薄田斬雲이 조선의 풍속을 소개한 『조선만화朝鮮漫畫』에도 삽화로 묘사되어 있다〈그림 14〉. 반죽을 작은 구멍으로 뽑아낼 만큼 지렛대에 강력한 힘을 가하기 위해 사람이 지렛대 위에 올라가 등을 지고 높은 사다리나 천장을 발로 힘껏 밀어 힘을 가하는 것으로 그려져 있다. 물론 이런 방법도 있고 가랑이를 벌리고 지렛대를 타고 올라가 체중을 실어 눌러 내리는 방법도 있었다. 이렇게 반죽을 지렛대의

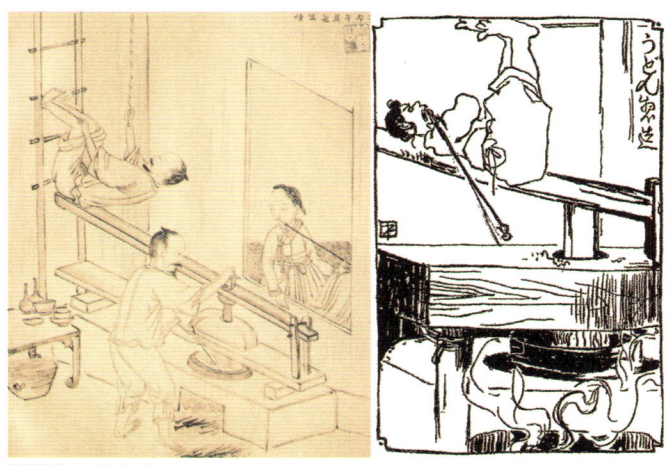

그림 14 (좌) 김준근 『기산풍속도첩』의 '국수누르는모양'(함부르크민족학박물관 소장), (우) 우스다 잔운 『조선만화』의 '우동제조'

강한 힘으로 압착해서 국수를 뽑아내는 방법은 메밀가루로 국수를 만들 때 쓰였다. 메밀가루에 점성이 없기에 반죽이 단단하게 뭉치게 해야 국수를 만들 수 있기 때문이다. 물론 밀가루 반죽에 이 방법을 쓰면 너무 찐득하게 붙어 곤란하다.

구멍으로 국수를 뽑아내는 도구로는 옥수수 전분으로 국수를 만들 때 쓰는 강원도의 올챙이국수틀도 있다. 바닥에 작은 구멍들이 뚫린 쇠를 덧댄 네모난 나무 상자에, 반죽한 옥수수 전분을 넣고 상자에 꼭 맞게 들어가는 뚜껑을 손으로 눌러 뽑아낸 가닥을 아래에 받쳐둔 널따란 그릇의 뜨거운 물에 익혀 국수를 만든다〈그림 15〉. 처음 뽑혀 나오는 동그란 부분에 가늘고

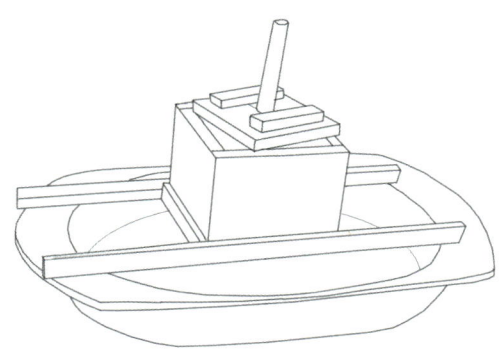

그림 15 올챙이국수틀

기다란 부분이 이어진 모습이 올챙이 같이 생겼다고 해서 올챙이국수라 부른다.

셋째로는 반죽을 잡아당겨 길게 늘여서 만드는 납면拉麵이 있다.

밀가루 반죽을 바닥에 내리쳐서 단단히 뭉쳐지게 한 후에 잡아당겨 늘이고, 다시 바닥에 치고 늘이는 과정을 되풀이해서 만드는 수타면이 대표적인 납면이다. 그 밖에도 반죽을 기다란 가닥으로 만들어 물에 담갔다가 건져내어 두 손가락으로 잡고 눌러가며 늘이기도 한다. 라면의 기원으로 알려진 중국 '라미엔'의 한자 표기가 바로 '拉麵'이며, 중국의 초기 라면은 손으로 잡아 늘인 국수라는 뜻에서 셔우라미엔手拉麵이라고도 했다.

지금은 볼 수 없으나 예전에는 우리나라에도 비슷한 국수가 있었다. 그것이 『임원경제지』에는 별작면別作麵이란 이름으로, 『산가요록山家要錄』에는 창면昌麵으로 등장한다. 밀가루 반죽을 정구공보다 약간 작게 탄환처럼 둥글게 만든 것을 참기름을 발라 널따란 나무 안반 위에 놓고 둥근 대나무 통으로 밀어 아주 얇게 만든 다음 칼로 길게 썰어서 기름종이 위에 널어 말린 후 광주리에 담아둔다. 그리고는 필요할 때마다 끓는 물에 삶아 건져낸 다음 찬물에 담가서 반죽의 점성과 탄성을 증가시킨 후에 양손으로 길게 잡아 늘여 만든 국수 가락을 맑은장국에 꿩고기나 닭고기를 넣고 끓여 먹는다. 이 국수는 잡아 늘이는 과정에서 강한 점성이 필요해서 『임원경제지』에서는 가는 체로 여러 번 쳐낸 고운 밀가루를 쓰라 하였고, 『산가요록』에서는 고운 밀가루에 녹말가루를 섞어서 반죽을 만들라 하였다.

한편 구멍으로 뽑아내되 눌러 뽑지 않아 압면이라 하기 어렵고, 길게 늘이되 손으로 잡아 늘이지 않아 납면이라고 할 수도 없는 독특한 국수도 있다. 국수틀이 아니라 구멍 뚫린 바가지를 이용하여 뽑아내며, 밀가루가 아니라 녹두가루로 만드는데 이름은 '식면'이라 하고, 한문 서적에서는 대개 세면細麵이나 사면絲麵이라 했다.

여러 요리서에 보이는 제조 과정은 대략 이렇다. 녹두가루를 말갛게 풀처럼 쑤어 구멍 뚫린 바가지의 세 구멍을 밑에서 오른손 세 손가락으로 막고 붓는다. 그리고는 왼손으로 바가지를 잡고 물이 끓고 있는 솥 위에서 구멍 막은 오른손 손가락을 떼고 바가지를 툭툭 치면 풀죽같이 끈적한 묽은 반죽이 구멍으로 실처럼 가늘고 길게 뽑혀 내려와 끓는 물에서 익는데 이를 건져내어 찬물에 헹궈서 국물에 말아 먹는다. 이 국수에는 점성이 아주 강한 가루가 필요해서 녹두가루를 썼지만

때로는 밀가루를 섞어 쓰기도 했다.[43]

🌾 수제비

수제비라는 말은 1517년에 최세진이 지은 『사성통해四聲通解』에서 중국 면흘달麵仡縺의 우리말 번역어 '슈져비'로 처음 보인다.[44] 이를 소리대로 한자로 표기한 최초의 것은 16세기 말 『쇄미록』의 '수제비水齊非'이다.[45]

앞서 밝혔듯이 『쇄미록』에 칼국수로 짐작되는 도제비刀齊非가 있고 그에 대비되는 수제비도 있으니 도제비는 반죽을 칼로 썬 칼국수이고 수제비는 손으로 뜯어낸 수제비라고 할 만한데, 한자 수제비에는 손 수手 자를 쓰지 않고 물 수水 자를 쓰고 있어 그렇게 단정하기도 어렵다. 이만영의 『재물보才物譜』(1798)에서는 우리말 '슈접이'를 물에 넣고 끓인 병이라는 뜻에서 수자병水煮餠이라 했고, 수제비 덩어리가 국물에 낮게 날아다닌다는 뜻으로 수저비水低飛로 쓴 문헌도 있으며, 밀가루 반죽을 손으로 접어 떼어서 수접이手摺이에서 온 말로 짐작된다는 견해도 있다. 하지만 이런 것들은 우리말 '슈져비'에 음이 비슷하고 뜻이 대략 통하는 한자를 억지로 갖다 붙인 것이 아닌가 의심된다.

그리고 과거의 슈저비가 '뜨덕국'이라는 별명을 지닌 지금의 수제비처럼 반죽을 손으로 뜯어 만드는 것이었는지도 확언하기 어렵다. 홍만선의 『산림경제山林經濟』에는 밀가루 반죽을 손으로 뜯는 것이 아니라 숟가락으로 떠서 끓는 국물에 넣어 익혀 먹는 발어撥魚라는 음식을 원나라 때의 『거가필용居家必用』에서 인용하고 있는데, 그것이 지금의 수제비와 비슷한 음식이 아니었나 생각되기도 하지만 그런 음식이 조선에 있었던 흔적은 아직 발견되지 않았다.

다만 '져비'라는 말이 붙은 음식으로는 『산가요록』의 생치저비生雉箸飛가 있다. 꿩고기를 만두 모양으로 잘라서 메밀가루를 묻혀서 체에 널어 두었다가 끓는 물에 잠시 넣어 꿩고기와 메밀가루가 엉겨붙으면 바로 꺼낸다. 그리고는 다시 녹두가루를 묻혀 어느 정도 굳어졌을 때 장국물에 넣어 끓여 먹는 것이다. 자른 꿩고기에 메밀가루와 녹두가루를 덧씌우면 둥글넓적해져서 지금의 수제비와 비슷한 모양이 될 수도 있다. 하지만 안타깝게도 '슈져비', '수제비水齊非'에 대해서는 더 밝혀진 것이 없다. 지금의 수제비와 같거나 비슷한 음식이 아니었을까 짐작할 뿐이다.

🌸 나화

가루음식에는 국수, 수제비, 만두 외에 '나화'도 있었다. 『훈몽자회』에서는 나화를 박탁餺飥이라 했는데, 어의 전순의全循義가 지은 『식료찬요食療簒要』 상주본尙州本: 1487에서는 羅花나화로 등장하고, 『산가요록』이나 『임원경제지』에는 剌花나화로 기록되어 있다.[46] 이로 보건대 중국의 박탁과 같은 음식이 조선의 나화이며, 剌花 또는 羅花는 한자의 뜻과 관계없이 음을 빌려서 우리말을 표기한 것으로 보인다.

나화 만드는 법은 『산가요록』(1459)에 먼저 소개되어 있다, 밀가루를 소금물로 반죽하여 달걀만 하게 만든 다음 그것을 작은 덩어리로 나눠 기름 바른 나무널에 올려놓고 손바닥으로 쳐서 편평하게 만든다. 그것을 무릎 위에 엎어놓은 바가지에 씌운 상태에서 사방으로 잡아당겨 종잇장처럼 얇게 만들되 가장자리 두꺼운 부분은 떼어내고 줄 위에 걸어 말린다. 이를 솥의 끓는 물에 잠깐 삶았다가 꺼내서 깨끗한 물로 헹궈내고 또 물을 갈아 물 위로 뜰 정도가 되면 건져서 고깃국이나 토장국에 말아 먹는다고 하였다.

서유구의 『임원경제지』에서는 밀가루를 소금물로 반죽한 덩어리를 종잇장처럼 얇게 밀어서 너비 5푼1.5cm, 길이 3푼

0.9cm 크기로 잘라서 말렸다가 꿀을 탄 오미자물이나 고깃국에 넣어 먹는다고 했다.

한편 『음식디미방』(1670년경)에는 녹두나화가 있다. 밀가루와 녹두가루 섞은 것을 물에 묽게 풀어 넓은 그릇에 떠서 펼쳐놓고 끓는 물에 중탕하여 익으면 그 상태 그대로 끓는 물에 담그라고 하였다. 얇은 반죽이 끓는 물에서 말갛게 익으면 꺼내어 다시 찬물에 담가 하얗게 되었을 때 건진 후 약과처럼 썰어서 내놓는다고 하였다. 예전의 약과는 네모나게 썰어서 만들었다.

나화에 관한 여러 설명을 종합해 보면, 밀가루 반죽을 종잇장처럼 얇고 찰지게 만들어 뜨거운 물에 익힌 다음 적당한 크기로 네모나게 썰어서 냉국이나 뜨거운 고깃국 또는 장국에 말아 먹는 음식이다. 네모나게 썰되 『임원경제지』에서는 너비 5푼에 길이 3푼으로 손톱만 하게, 『음식디미방』에서는 약과만 하게, 『산가요록』에 소개된 수나화水剌花는 '작은 먹小墨丁'만 한 크기로라고 하였다. 그렇다면 작으면서 얇고 넓적한 모양인데, 이는 짧게 토막낸 납작당면 비슷한 모양으로 상상된다.

실제로 그런 음식이 현재 일본에 있다. 일본 야마나시현에는 한자로는 餺飥박탁으로 쓰는 '호도'라는 향토 음식이 있다.

굵은 우동 면을 납작한 형태로 만들어서 짧게 잘라낸 것을 채소와 함께 된장국에 넣고 끓여 먹는 음식이다. 조선에서 사라진 나화의 실체가 일본의 호도로 확인된다고 해도 과언이 아니다.

박탁을 수제비로 설명한 사람들도 있다. 그러나 별개의 음식으로 보는 것이 옳을 듯하다. 최세진은 『사성통해』(1517)에서 면흘달을 '슈져비'라 하고, 『훈몽자회』(1527)에서는 박탁을 '나화'라 했다. 만약 박탁이 수제비라면 최세진이 10년 만에 면흘달을 박탁으로, 수제비는 나화로 바꿔 쓸 이유가 없다. 옛 문헌에 기록된 박탁은 수제비라 하기에는 모양이 네모반듯한 데다가 크기도 작고 아주 얇다.

나화와 비슷한 것으로는 일종의 녹두 칼국수라고도 할 수 있는 창면暢麵이 있다. 아주 고운 녹두가루를 물에 타서 묽게 풀죽처럼 만들어 이를 편편하고 넓은 양푼에 얇게 펼쳐 담아 끓는 물 위에 얹어두면 녹말풀이 익는다. 종잇장처럼 얇게 익은 녹말풀을 다시 그대로 양푼째 끓는 물에 담가 완전히 익힌 뒤에 건져서 이를 접어 썰어서 꿀을 넣은 오미자국에 넣어 먹는다. 이는 앞서 소개한 녹두나화와 제조법이 비슷하다. 결국 나화란 녹두 칼국수 또는 얇고 기다란 청포묵이라 할 수 있는데 예전 요리서에서는 면류의 일종으로 다루었다. 그래서 『음식디미방』에서는 '탹면'이라 했고, 『증보산림경제』에는 창면 昌麵으로, 『임원경제지』에는 창면暢麵으로 소개되었다.

4

비슷하지만 다른 만두와 상화

🌾 만두

면麵이 그렇듯이 가루음식의 이름은 시간과 장소에 따라 뜻하는 바가 달라져서 많은 혼란이 있었다. 예컨대 만두가 그렇다. 본래 중국의 만터우饅頭는 우리나라의 만두 같은 것이었으나 지금은 밀가루에 효모를 넣고 반죽한 것을 쪄서 부풀린 것을 말한다. 즉 안에 소가 들어있지 않은 꽃빵 같은 것이다. 한편 일본의 만주饅頭는 밀가루 반죽에 팥앙금을 넣고 쪄서 만든 것이다.

우리나라에서 만두饅頭란 예나 지금이나 고기, 채소, 두부

등을 다진 것을 가루를 반죽하여 얇게 만든 만두피에 싸서 삶거나 쪄낸 음식을 말한다. 밀가루로 만든 이런 음식을 현재 중국에서는 만두라 부르지 않고 자오쯔餃子라 부르며, 일본에서는 교자餃子라고 부른다. 다만 지금과는 달리 만두피를 만들 때 주로 메밀가루를 쓰되 점성을 늘리기 위해 밀가루나 녹두가루를 약간 섞어서 썼다. 그리고 메밀가루 반죽은 얇게 만들기가 어려워 만두피가 지금보다 두꺼웠다. 소로 넣는 고기로는 지금은 주로 돼지고기를 쓰지만 예전에는 쇠고기, 돼지고기, 꿩고기, 닭고기 등으로 다양했다.

만두는 중국에서 시작된 음식으로 알려져 있다. 그래서인지 예전에는 대체로 북쪽 지방에서 많이 먹던 음식이었고 허균이 최고로 꼽은 만두도 압록강변 평안도 의주의 대만두大饅頭였다.

중국에서는 밀가루 반죽에 소를 넣고 국물에 끓여 먹는 것을 혼돈餛飩이라 했는데 대체로 만둣국이라 할 수 있다.『훈몽자회』에서도 혼돈을 만두라 했는데, 아마도 16세기 조선에서는 혼돈이 만두 또는 만둣국의 뜻으로 쓰인 것으로 보인다. 일본으로 건너간 혼돈이라는 이름은 우동うどん으로 변했다.[47] 너무나 동떨어져 보이는 조선의 만둣국과 15세기에 일본에 퍼진 우동이 본래 같은 이름에서 갈라져 나간 것이다.

요즘 우리가 먹는 김치만두와 물만두는 오래전에도 있었다. 김치만두는 『원행을묘정리의궤』에서 침채만두沈菜饅頭라는 이름으로 찾아볼 수 있다. 배추김치를 소의 주재료로 하여, 쇠고기, 돼지고기, 꿩고기, 두부, 잣 등을 넣고 참기름과 간장으로 간을 하여 만든 것이다.

물만두에 해당하는 것으로는 유월 보름 유두날에 먹는, 얇은 만두피의 수교의水糕兒가 있었다.[48] 수교의 만드는 법은 『음식디미방』에 상세히 설명되어 있다. 고운 깁으로 쳐 낸 고운 밀가루를 반죽하여 얇게 민 것을 놋그릇 바닥의 둥근 굽으로 찍어눌러 동그란 모양으로 떼어내서 만두피를 만든다. 그리고 표고버섯, 석이버섯, 오이를 가늘게 썰어서 잣, 후춧가루로 양념을 한 소를 만두피에 올려놓고 오므려 감싸서 끓는 물에 삶아내어 초간장을 찍어 먹는다고 하였다.

서울의 『열양세시기洌陽歲時記』나 충청도의 『주식시의酒食是儀』에 보이는 수교의는 경상도의 『음식디미방』과는 약간 다르다. 오이 채 썬 것에 버섯이 아니라 쇠고기, 닭고기, 돼지고기와 함께 여러 양념을 넣어 만두나 송편 모양으로 만들며, 물에 삶지 않고 시루에 넣어 증기로 찐다. 고기를 넣든 안 넣든, 물에 삶든 김으로 찌든, 두꺼운 메밀가루 만두피가 아니라 얇은 밀가루 만두피로 만든 것으로 지금의 물만두와 크게 다를 것이 없다.

예전 만두 중에는 만두피를 얇게 썬 동아로 만든 동아만두도 있었고, 한편으로는 생선이나 살코기로 만드는 것도 있었다. 요리서에 자주 등장하는 어만두魚饅頭는 대개 숭어 살을 얇게 저며서 만두피를 만들고, 양만두胖饅頭는 소의 밥통을 잘라서 쓰고, 천엽만두千葉饅頭는 소의 겹주름위 천엽을 쓴 것이다. 물론 이런 것들은 어지간한 부자나 상류층이 아니고서는 맛볼 수 없었다.

상화

조선시대에는 빵이 없었다. '빵'은 포르투갈어 '빠웅pão'이 일본을 거쳐 들어온 말이다. 단팥빵도 일본에서 나가사키의 네덜란드인에게서 배운 제빵기술을 응용하여 19세기 후반에 빵 안에 설탕과 팥소를 넣어 개발한 '앙빵'에서 시작되었다. 앙빵은 팥소 앙코餡子와 빵을 합친 앙코빵을 줄여서 부른 것인데 찐빵의 원조라 할 만하다.

조선에 앙빵은 없었지만 그와 비슷한 음식이 있었다. 효모로 부풀린 밀가루 반죽 안에 소를 넣고 찐 상화霜花이다. 예전에는 빵이 없었으므로 상화를 떡의 일종으로 간주하여 상화떡霜花餠이라고도 했다. 고려가요 쌍화점雙花店에서 회회回回아비가 팔았던 쌍화도 고려시대에는 우리말에 'ㅆ' 음소가 없었으므로 예전 발음대로 읽자면 상화로 읽는 것이 옳다.

상화는 가루 반죽에 효모를 넣고 쪄서 부풀려 만든 음식이다. 그런데 메밀가루는 점성이 없어서 그렇게 되지 않으므로 밀가루를 썼으며, 밀가루 중에도 선별된 고운 밀가루를 썼다. 그래서 아주 고운 밀가루를 상화가루라고 부르기도 했다. 그 반죽 안에 넣는 소는 다양했다.

『규합총서』(1809)에서는 고운 체로 쳐낸 밀가루에, 밀기울 죽과 누룩 가루를 버무려 만든 삭임효모이나 탁주를 넣고 반죽한 다음, 껍질 벗긴 팥을 삶아서 꿀과 함께 반죽 안에 넣고 쪄서 만들라고 했으며, 홍석모의 『동국세시기東國歲時記』(1849)에도 비슷한 설명이 있다. 설탕이 없던 시절이라 단팥의 맛을 내기 위해 꿀을 썼으나 찐빵과 크게 다르지 않다. 17세기 말에 지은 것으로 짐작되는 『주방문酒方文』에는 찐 팥이 아니라 콩가루에 꿀을 넣어 만드는 법이 소개되어 있다.

이런 종류의 상화로 지금까지 남은 것으로는 밀가루나 보릿가루를 술로 반죽하여 팥소를 넣고 찐 제주도의 '상애떡'이 있다. 상애떡은 물론 상화떡을 말한다. 원 간섭기에 일본 원

정의 전진기지 역할을 했던 제주도에 아라비아에서 유래되어 몽골이 전한 소주 고소리술이 있듯이, 아라비아 회회아비가 팔았던 상화가 남은 것을 보면 상화도 중앙아시아에서 유래되어 몽골을 통해 전해진 것이 아닌가 한다. 실제로 상화는 유목민들이 이동 중에 먹기 편한 음식이다.

상화의 소로는 팥이나 콩 외에 채소를 쓰기도 했다. 『음식디미방』에서는 오이, 박을 가늘게 썰고 석이, 표고 따위의 버섯을 가늘게 찢어 기름에 볶아서 쓰라고 했다.

한편 17세기 전반기에 사신 접대 절차를 기록한 영접도감迎接都監의 의궤儀軌에서는 돼지고기와 순무를 섞어 쓰고 있고, 18세기 말의 『원행을묘정리의궤』에서는 쇠고기, 돼지고기, 꿩고기, 닭고기, 달걀이 들어간다. 하지만 고기를 넣은 상화가 민간에서도 일반적이지는 않았던 것 같다.

그런데 얼핏 듣기에는 상화와 만두가 별로 다른 것 같지 않다. 『훈몽자회』에서도 만두를 상화라 하여 두 말을 뒤섞어 썼고, 지금도 여러 글에서 상화를 간단하게 만두로 설명하고 있다. 그러나 둘 사이에는 몇 가지 다른 점이 있다.

첫째, 만두는 가루 반죽을 그대로 얇게 밀어서 그대로 쓰지만, 상화는 가루 반죽에 술이나 누룩 따위의 효모를 넣어 부풀려 찐 것이다. 이것이 가장 중요한 차이점이다. 17세기 영접도감의 의궤에 만두와 상화떡이 함께 나오는데 재료를 비교해 보면 상화에는 기주起酒, 즉 밀가루 반죽을 발효시키기 위한 술이 들어간다는 점이다. 그리고 상화는 반죽을 부풀린 것이므로 대개 만두보다 컸으리라 짐작된다.

둘째로 만두소로는 쇠고기, 돼지고기, 꿩고기, 닭고기 등의 고기가 반드시 들어가며 일반 육고기가 아니더라도 그와 비슷한 대합, 굴이라도 들어간다. 사찰에서는 예외적으로 고기 없이 채소와 두부를 넣은 소만두素饅頭를 먹기도 했는데 이름으로 분명히 구별했다. 그런데 상화는 소에 제한이 없다. 팥이나 콩을 찐 것에 꿀을 넣어 소를 만드는 것이 일반적이었지만, 순무, 오이, 버섯 등의 여러 가지 채소를 삶거나 볶아서 쓰기도 하고, 고기를 넣은 상화도 보인다.

셋째로 만두는 대체로 초간장醋醬에 찍어 먹었다. 그리고 국물에 넣고 끓여서 만둣국饅頭湯으로 먹기도 했다. 그러나 상화는 그렇게 먹지 않고 쪄낸 그대로 먹었다.

상화와 만두는, 쉽게 구분할 수 없어 헷갈리기는 하지만, 다른 것으로 보는 것이 옳을 듯하다.

제5장

김치

채소절임의 종류와 기원

주재료 채소의 변동

절임 김치에서 양념 김치로

젓갈 섞은 섞박지의 확산

김치의 두 이름, 딤채와 디히

채소절임의 종류와 기원

우리 밥상에는 김치가 거의 빠짐없이 놓인다. 반찬 가짓수를 세는 반상 차림에서도 김치와 장은 당연히 상 위에 놓이는 것이기에 첩 수에 포함되지 않았다. 그래서 김치와 장을 합성한 '저장菹醬'이라는 단어가 옛 문헌에 자주 등장했다.

아주 오래전부터 우리에게 가장 친숙한 부식이었던 김치는 쌀밥에 어울리는 음식이다. 그냥 먹기는 어려운 채소에 소금을 넣어 간을 하고 각종 양념을 넣고 젓갈을 넣어 사각사각하는 질감을 느끼면서 먹기 좋게 만든 김치는 사실상 뚜렷한 맛을 지니고 있지 않은 쌀밥에 짠맛, 신맛, 매운맛, 감칠맛 등을 섞어 넣어 밥맛을 돋군다. 그리고 김치는 여러 가지로 조리해서 찌개도 끓여 먹고, 전도 부쳐 먹고, 볶음밥도 만들어 먹는다.

김치는 단지 채소를 조리해 먹기 위한 것만은 아니었다. 채소의 저장수단이기도 했다. 곡식, 채소, 과일, 생선, 고기와 같은 식재료는 아무 때나 구할 수 있는 것이 아니라 대개 얻을 수 있는 철이 있어 많은 양을 오래 조리해 먹으려면 적절한 저장, 보관 조치가 필요하다. 과거에 식재료를 오래 보관하는 방법으로는 말리거나 절이는 방법이 많이 쓰였다. 그런데 채소는 말려서 쓰기 어렵다. 물론 배춧잎이나 무청을 말린 시래기 같은 것도 있기는 하지만 예외적인 방법일 뿐이다. 채소를 말리면 특유의 신선함이 사라지고 식감도 떨어진다. 그러므로 채소는 절여서 저장했다.

채소를 절일 때는 대개 소금에 절였고, 때로는 식초나 장에 절이기도 했다. 지금은 김치라 하면 대개 배추김치를 연상하지만, 채소를 절여서 만든 음식으로 정의하면 김치의 범위는 매우 넓어진다. 깍두기, 무장아찌, 마늘장아찌도 모두 김치에 포함되며 오이피클도 김치이다.

김치의 개념을 그렇게 넓게 잡는 이유는 예전 사람들이 채소절임을 모두 김치로 인식했고 그렇게 불렀기 때문이다. 즉 배추김치, 무김치, 오이김치, 섞박지, 젓국지, 게국지, 짠지, 오이지, 장아찌 등 여러 채소절임에 김치 또는 지라는 말이 붙었다. 일본에서 에도시대에 다쿠안이라는 스님이 만들었다고 전해지는 다쿠안쓰케澤庵漬도 우리나라에서는 지를 붙여 단무지라고 부르고 있다.

세계 각국의 여러 민족은 채소를 절여 먹는 다양한 방법을 갖고 있었다. 중국에는 파오차이泡菜가 있고, 일본에는 쓰케모노漬物가 있으며, 동남아시아의 말레이시아, 인도네시아, 싱가포르, 필리핀에는 아차르acar 또는 아차라achara라는 이름의 채소절임이 있다. 이런 이름들은 모두 비슷한 뜻을 지니고 있다. 피클이나 아차르는 절인다는 뜻이고 김치의 어원인 침채沈菜와 일본의 쓰케모노漬物는 담가서 만든 채소, 음식이라는 뜻을 지니고 있다. 그리고 독일에는 양배추를 잘게 채 썰어서 소금에 절여 시큼하게 발효시켜 먹는 자우어크라우트Sauerkraut가 있는데, 자우어sauer는 시다는 뜻이고 크라우트Kraut는 채소를 뜻한다. 지금은 옥스퍼드 영어 사전에 'Kimchi'라는 이름이 버젓이 올라 있으나 예전 유럽 사람들은 우리 김치를 '코리언 사우어크라우트'라고 부르기도 했다.

절이는 방법 중에 가장 널리 사용된 방법은 소금에 절이는 것이다. 채소에 소금을 뿌리면 삼투압의 작용으로 채소에서 수분이 빠져나가 연해져서 먹기가 쉬워진다. 그뿐 아니라 채소가 물러져서 변질되는 것도 막을 수 있다.

우리나라 문헌에서는 김치를 주로 '저菹·葅'로 표기하였다. 담그다, 절이다를 뜻하는 한자를 덧붙여 침채沈菜, 침저沈菹, 침지沈漬, 엄채醃菜라고도 했고, 소금으로 절였다는 뜻을 명시할 때는 소금, 짜다를 뜻하는 한자를 사용하여 염채鹽菜, 함채鹹菜, 염지鹽漬라고도 했다.

우리 민족이 언제부터 김치를 만들어 먹었는지는 분명치 않지만, 김치를 뜻하는 낱말이 문헌에 처음 보이는 것은 고려 때이다. 고려는 성종재위 982~997 때 환구圜丘, 태묘太廟, 사직社稷 등을 짓고 그곳에서 제사를 지냈는데, 『고려사』 예지禮志의 제례 규정에 등장하는 제사 음식 중에 미나리김치芹菹, 죽순김치筍菹, 순무김치菁菹, 부추김치韭菹가 보인다.

이웃 나라 중국에는 오이를 깎아서 만든 '저菹'가 『시경』에 처음으로 보인다. 그리고 『여씨춘추』에 따르면 공자가 주나라 문왕文王이 즐겼다는 창포저菖蒲菹를 콧잔등을 찡그려가며 3년을 먹고 나서야 그 맛에 익숙해졌다고 한다. 아마도 신맛이 강했던 모양이다. 6세기 북위北魏의 가사협賈思勰이 지은 『제민요술齊民要術』에 이르러서는 저의 제조법이 상세하게 소개되기 시작했다.

일본의 경우에는 8세기의 동대사東大寺 정창원正倉院의 문서

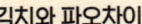

김치와 파오차이

지금은 옛이야기처럼 시들해졌지만, 19세기 말부터 20세기 초까지 유럽 인류학계에서는 전파주의(diffusionism)라는 사조가 성행했었다. 이를 주장하고 추종하는 사람들은 문화는 창조보다는 모방이 쉬우므로, 고등 문명의 요소는 대부분 하나의 중심지에서 발달하여 다른 지역으로 전파된다고 하였다. 그래서 심지어 세계 모든 문명이 이집트에서 시작되었다는 주장도 있었다.

파오차이가 우리나라 김치의 원형이므로 중국이 김치의 종주국이라고 주장하는 사람들이 있다. 아시아의 김치는 모두 중국에서 시작된 것일까? 채소를 소금에 절이는 것이 아주 특별한 고등 문명에서만 발생할 수 있는 고도의 기술이었을까? 널리 알려지지 않았을 뿐 세계에는 김치의 범주에 넣을 만한 채소절임 음식들이 아주 많다. 김치에 관한 기록이 한국보다 중국이 훨씬 앞선 것은 사실이지만, 기록이 늦었다고 해서 채소절임도 늦었으리라는 생각은 비합리적이다. 그리고 김치와 파오차이는 형태도 다르고 빛깔도 다르고 맛도 다르며 제조법도 상당히 다르다. 중국에서는 채소를 데치거나 건조하는 처리 과정을 거친 후에 염도가 낮은 소금물이나 식초와 술지게미 등으로 절여서 신맛이 강하게 나도록 만들었고 그중의 하나가 파오차이이다. 그러나 우리나라의 김치는 생채소를 그대로 소금에 절여 신맛을 과하지 않게 하였다.[49] 그러다가 조선시대에 들어와서는 고춧가루와 젓갈을 넣어 매운맛과 감칠맛을 보강한 김치를 만들기 시작했다. 우리나라만의 개성 있는 김치는 이렇게 만들어졌다. 설사 아득한 과거에 김치 제조법이 중국에서 흘러들어 와서 오랜 기간, 많은 변화를 거친 끝에 지금의 김치가 만들어졌다 하더라도 우리 김치는 중국의 김치와 너무도 달라서 기원을 따지는 것 자체가 아무 의미가 없다.

에 여러 김치가 '쓰케漬'라는 이름으로 제조 방법과 함께 소개되어 있다. 일본에서는 지금도 김치를 '쓰케모노漬物'라고 부른다.

중국의 경우 오래전부터 저가 있었고, 일본에도 8세기 기록에 쓰케 담그는 법이 있으므로, 우리나라에도 아주 오래전에 이미 김치가 있었을 것으로 짐작된다. 그러나 반드시 중국의 김치제조법이 우리나라를 통해 일본으로 전해졌다고 생각할 필요는 없다. 채소를 절여서 오래 보관하고 맛을 내는 것은 그다지 고도의 기술도 아니다.

주재료 채소의 변동

우리나라 문헌에 김치가 이름만이 아니라 간략하게나마 제조법과 함께 제시된 기록으로는 고려 후기 이규보가 지은 「가포육영家圃六詠」이라는 시가 최초이다. 이규보는 여기서 집의 채소밭에서 기르는 오이, 가지, 순무, 파, 아욱, 박 등 여섯 가지 채소에 관한 시를 쓰면서 순무菁를 여름 석 달 동안 장에 절여 먹고, 겨울 석 달 동안은 소금에 절여 먹는다고 하였다.[49]

그리고 여러 김치의 재료와 제조법에 대해 구체적으로 전해주는 최초의 요리서로는 1459년세조 5을 즈음해서 어의 전순의가 쓴 『산가요록』이 있다. 그 책에 소개된 20여 종의 김치는 지금의 김치와는 사뭇 달랐다.

우선 주재료가 달랐다. 지금은 배추와 무가 주종을 이루고 있지만 과거에는 그렇지 않았다. 고려 때 국가 제례 때 올린 미나리, 죽순, 순무, 부추로 담근 김치도 지금의 시각에서 보면 특이하게 생각되는데 『산가요록』의 김치 재료도 그렇다. 오이, 순무, 동아冬瓜, 가지가 많이 보이고 배추와 무는 단 한 번만 언급되었다. 배추김치, 무김치보다 가지김치가 더 흔했다.

무부터 살펴보면, 예전에 '무수'라 했던 무에는 댓무댓무수와 순무쉿무수가 있었다. 현재 우리가 일반적으로 무라고 부르는 댓무는 대개 '나복蘿蔔·蘿葍'이라 했고,[50] 우리나라에서는 무가 중국에서 들어온 것이라 해서 당청唐菁이라고도 했다. 지중해 연안, 서아시아가 원산지인 것으로 알려진 무는 그곳에서 라틴어로 라파누스raphanus라 했고, 중국에 들어와 비슷한 음의 한자로 표기된 것이 나복이다. 그래서 나박김치는 본래 무김치를 가리키는 말이다. 그런데 이름 표기에 혼란이 일어나 간혹 순무를 나복이라 부르는 경우도 있었다.

댓무와 별개로 순무가 있다. 순무는 무의 일종으로 생각하기 쉽지만 무보다는 배추에 더 가깝다. 『향약구급방鄕藥救急方』에서도 배추菘를 순무眞菁와 비슷하다고 설명했다. 댓무는 배춧과 무속의 식물이고, 순무는 배춧과 배추속의 식물이기 때문이다〈그림 16〉. 그래서 배추꼬랑이를 먹어보면 순무 맛이 난다.

순무는 예전에 만청蔓菁 또는 무청蕪菁이라고 했으며 간단하게 줄여서 청菁으로도 썼다. 그리고 중국에서 댓무가 들어오자 댓무는 당청唐菁이라 하고 순무는 참무참무수라 하여 진청眞菁으로 썼다.

대개 잎이 무성한 배추는 잎을 먹기 위한 작물이고, 뿌리가 큰 댓무는 뿌리를 먹기 위한 작물이다. 그런데 순무는 잎은 약간 무성하고 뿌리는 그다지 크지 않아 뿌리와 잎을 모두 먹었다. 식재료로 쓰는 무의 잎을 무청이라 하는 것도 아마도 순무를 지칭하는 '蕪菁'에서 온 말로 짐작된다. 그러나 순무도

그림 16 강화 순무. 강화군청 홈페이지

기본적으로는 뿌리를 먹기 위한 작물이었으며 뿌리를 분명히 지칭할 때는 청근菁根 또는 진청근眞淸根이라 했다.

현재 우리나라에서 무는 흔히 볼 수 있고 순무는 희귀해져서 강화도의 특산품이 되었지만, 예전에 주로 먹었던 무는 댓무가 아니라 순무였다. 당연한 일이다. 댓무는 나중에 중국에서 들여온 것이기 때문이다. 이는 조리서에서 나복보다는 만청, 청이 더 많이 언급되고 있는 것으로 충분히 짐작된다. 이규보의 「가포육영」에서도 6가지 채소 중에 댓무는 안 보이고 순무가 보인다. 그래서 처음에는 동치미도 무가 아니라 순무로 담갔다.

한편 조선 전기에는 무가 그렇듯이 배추도 김치의 재료로 크게 주목받지 못했다. 배추는 채소 재배법을 다룬 농서나 김치 제조법을 다룬 요리서에서 그다지 자주 언급되지 않았다.

배추라는 이름은 '빅치白菜'에서 유래되었으며 '송崧, 송채崧菜'로도 썼다.[51] 『산가요록』에 '배추 담그기'라는 뜻의 침배채沈白菜가 보이고, 16세기 유희춘의 『미암일기眉巖日記』에 송저崧菹가 등장하는 것으로 보아, 배추가 널리 퍼져 있던 것은 아니지만 오래전부터 김치의 재료로 쓰였음을 알 수 있다.

예전에는 배추도 잎과 뿌리를 모두 먹었으나 배추를 재배하는 주목적은 순무와는 달리 잎을 먹기 위한 것이었다. 하지만 지금처럼 속이 꽉 찬 결구배추가 아니라서, 잎은 성글고 뿌리는 컸다. 그래서 중국에서 잎이 무성한 배추 종자를 들여와 재배에 공을 들이기도 했던 모양이다. 박제가는 정조에게 올린 『진북학의』에서 좋은 품종의 배추를 얻기 위해 사신들 오가는 길에 북경에서 종자를 얻어다 심으면, 처음에는 괜찮으나 3년쯤 지나고 나면 무蘿蔔가 되고 말았다 한다. 이야기의 요지는 풍성한 배춧잎을 얻기 위해 배추 종자를 수입해서 심었으나 순무처럼 잎은 별로 없고 뿌리만 굵어진 것을 된 것을 과장되게 댓무가 되었다고 한 것이다.

그런데 좀 더 나은 품질의 배추를 얻으려는 시도는 실패만 한 것은 아니었다. 품질이 우수한 반결구배추로 개성배추와 서울배추가 생산되기 시작했다. 근래에 독일이 보유하고 있던 우리나라 토종 유전자원을 돌려받아 증식에 성공한 개성배추는 몸통이 둥글지 않고 길쭉하여 이파리로 보쌈김치를 만들기에도 적합했고, 뿌리도 지금의 배추보다는 컸다. 앞서 『향약구급방』에서 배추의 생김새가 순무와 비슷하다고 한 것도 예전의 배추들이 잎이 길쭉한 모양으로 성글고 뿌리는 컸기 때문일 것이다.

반결구배추의 정착으로 19세기에는 배추가 점차 김치의 주재료로 자리 잡기 시작했다. 그런데 비결구배추나 반결구배추의 치명적인 약점은 추위에 약하다는 것이다. 예전에 서리가 내릴 때면 밭에 심어진 배추 몸통을 비닐끈으로 묶어 놓은 풍경을 자주 볼 수 있었는데 이는 배추의 속 부분이 추위에 얼지 않게 하려는 것이었다. 결구배추도 이럴진대 잎이 성근 비결구배추나 반결구배추는 구석구석이 추위에 노출되어 얼어 죽기 쉽다. 배추가 김치의 주재료로 자리 잡지 못했던 것은 이런 이유로 생산량이 많지 않았고 생산량이 적으니 당연히 값도 비쌌기 때문이다.

그러다가 1930년대 일제강점기에는 중국에서 속이 꽉 찬 결구배추가 들어왔다. 그것을 호(胡)배추라고 하고, 예전의 반결구배추는 조선배추라 했다. 호배추는 추위에도 강하고 속이 꽉 차 있어서 무게도 꽤 나갔지만, 조선배추보다는 맛이 덜해서 인기가 높지는 않았다고 한다.[52] 이어서 1950년대에 세계적인 육종학자 우장춘이 한국에 들어와 새로운 품종으로 원예1호, 원예2호를 개발했다. 추위와 병충해에 강하고 수확량이 많고 속이 꽉 찬, 단단한 결구배추가 등장한 것이다. 이로써 중국의 호배추에서 벗어나 새로 개발한 더 우수한 품종의 배추가 생산되기 시작하여 배추는 채소로서 압도적인 위치를 차지하게 되었고, 김치의 가장 중요한 재료가 되었다. 그리고 이때부터 김치 하면 배추김치라는 관념이 생겨났다.

김치의 재료로는 오이, 가지, 무, 동아와 파, 마늘, 갓, 토란대 등의 밭에서 기른 남새들이 주로 쓰였지만, 여뀌에 마름을 넣어 소금에 절였다는 고려말의 시도 있듯이 야생의 푸새도 김치 재료로 활용되었다. 산과 들에 널린 느쟁이냉이山芥산갓, 고사리, 송이는 훌륭한 김치 재료였다. 흉년에 나라에서 나누어 주던 식품 중에 장이 들어간 것은 야생초를 그냥 먹으면 맛도 없고 탈이 나기 때문에 장으로 조리를 해서 먹으라는 것이었다.

김치의 어원 침채沈菜는 채소를 담근다는 뜻인데 담근다는 것은 먹기 좋게 조리를 한다는 뜻도 있지만 저장한다는 뜻도 있다. 즉 예전 조리서의 채소를 다루는 방법에는 저장과 조리의 경계가 모호한 경우들이 꽤 있다. 15, 16세기의 조리서에서는 수박, 복숭아, 살구 등의 과일과 푸르대콩青太을 소금물에 담그고 따로는 꿀에도 담그는 침서과沈西果, 침도沈桃, 침행沈杏, 침청태沈青太 등이 보이는데 그것은 과일을 김치로 맛있게 조리해서 먹는다기보다는 저장해 두고 오래 먹으려는 방법으로 보인다. 예컨대 침서과를 보면 수박을 통째로 깨끗이 씻어서 김치 담그듯이 소금물에 절였다가 봄에 소금기를 제거하고 먹는다고 하였는데 과연 무슨 맛일지 궁금하다.

절임 김치에서 양념 김치로

과거의 김치를 지금의 김치와 비교해 보면 주재료만 달랐던 것은 아니다. 부수적인 첨가물도 달랐고, 그러니 당연히 제조법도 달랐다. 조선 전기의 김치는 지금처럼 채소에 고춧가루를 비롯한 여러 가지 양념과 젓갈을 넣고 담근 김치가 아니었다.

16세기 이전의 김치가 고춧가루를 쓰지 않아 빨갛지 않았다는 것은 꽤 널리 알려져 있다. 그런데 당시의 조리서에 소개된 김치는 고춧가루만 들어가지 않은 것이 아니라 각종 양념 자체가 들어가지 않았다. 오이, 순무, 동아, 가지 등의 채소를 그저 소금물에 절인 아주 단순한 김치가 대부분이었다.

심지어 소금도 쓰지 않고 단지 맹물에 담가서 만드는 김치도 있었다. 15세기 중엽 『산가요록』의 무염침채無鹽沈菜는 순무를 담은 항아리에 맑은 물을 붓고 사나흘 지나서 흰 거품이 일면 다시 맑은 물을 부어서 익었을 때 먹으라 하였다. 이런 방식의 순무김치는 17세기 후반 『요록要錄』의 동치미凍沈에도 그대로 이어졌다. 순무를 항아리에 넣고 차가운 맹물을 부은 다음 밀봉해서 따뜻한 방에 두어 익혀서 먹는데, 먹을 때는 익은 순무를 찢어서 숟가락에 얹고 소금을 살짝 찍어 먹으면 맛이 아주 좋다고 소개하고 있다.

물론 15, 16세기에 모든 김치를 소금물이나 맹물만으로 담근 것은 아니다. 주재료 채소와 함께 할미꽃白頭翁, 형개荊芥, 노야기香薷, 분디 잎을 넣어 김치를 담그기도 했고, 산초를 넣는 경우도 종종 있었다. 그러나 그런 첨가물들은 김치에 다양한 맛을 내기 위해 넣는 양념이 아니라, 김치를 변질시키는 미생물의 작용을 억제하기 위한 첨가물일 뿐이다. 그래서 산초도 가루가 아니라 통째로 썼으며 때로는 씨를 뺀 껍질을 넣기도 했다. 특히 오이김치에 이런 경우가 많았는데, 오이가 다른 채소보다 쉽게 짓무르고 쉬기 때문에 그랬던 것으로 짐작된다.

색다른 것이라면 집장汁醬을 활용하여 여름에 담가 먹는 즙저汁菹라는 김치가 자주 보인다. 물에 불린 콩을 밀기울을 섞어 찧어 메주처럼 만든 다음 곰팡이가 피면 말려서 빻아 가루를 내고 그 가루에 소금물을 넣고 된죽을 쑨다. 그리고 항아리에 가지나 오이 따위의 채소를 깔고 죽을 넣고 다시 채소를 깔고 죽을 넣는 과정을 되풀이하여 밀봉한 다음 말똥이나 두엄 속에 넣어 두면 열흘쯤 지나서는 익은 김치를 먹을 수 있다. 이 즙저에는 몇 가지 다른 담금법이 있어서 짧게는 하루나 사흘 만에 속성으로 만들어 먹기도 했다. 『제민요술』에도 누룩을 넣어 담그는 김치가 있었고, 일본에는 미소 된장, 누룩, 술지게미 따위를 넣어 담그는 쓰케모노가 지금도 다양한 형태로 남아 있다.

젓갈 섞은 섞박지의 확산

소금물에 담그기만 하는 단순한 김치는 18세기에 이르러 두 가지 커다란 변화를 맞았다. 그 하나는 각종 양념을 첨가한 것이다. 파, 마늘, 생강, 부추 외에 간장, 참기름, 산초가루를 넣기도 하고 심지어 꿀을 넣기도 했다. 특히 커다란 변화는 고춧가루가 첨가된 것이다. 이 시기에 고춧가루가 여러 음식에 양념으로 쓰이기 시작하면서 김치에도 변화가 온 것이다. 이때부터 김치는 빨갛게 변했다. 그렇더라도 지금처럼 아주 빨간 김치로 변하지는 않았을 것이다. 고춧가루는 값이 비싸서 수십 년 전만 하더라도 지금처럼 김치에 새빨갛게 넣기는 어려웠다.

18세기 김치의 또 하나의 주목할 만한 변화는 새우젓, 조기젓 등의 젓갈이 김치에 첨가된 것이다. 어패류를 삭혀 발효시킨 젓갈은 우리 몸에 필요한 단백질을 제공하기도 하였지만, 김치의 감칠맛을 내는 중요한 역할을 했다. 그리고 우리나라 김치에는 젓갈이나 액젓만이 아니라 지역에 따라서는 생선 토막이 들어가는 김치도 적지 않다. 우리나라 김치는 다른 나라의 채소절임과는 다른 독특한 풍미를 내는 개성 있는 음식으로 발전했다.

젓갈 섞은 김치를 섯박지 또는 석박지라 하고 서박저胥薄菹로도 썼으니, 지금의 섞박지가 바로 그것이다. 책에서는 섞어 담근 김치라는 뜻으로 대개 교침저交沈菹 또는 교침채交沈菜로 기록했는데, 서유구의 『옹희잡지饔餼雜志』에서는 젓갈김치라는 뜻에서 해저醢菹라 했다.

젓갈이 본격적으로 김치에 사용된 것은 18세기부터인 듯하지만 이미 15세기 김치에 젓갈을 썼던 기록이 남아 있다. 『세종실록』에는 1426년세종 8에 어린 오이에 곤쟁이젓을 섞어 넣은 '동자과교침자하해童子瓜交沈紫蝦醢'라 부르는 김치 두 항아리를 중국 사신에게 보낸 사실이 기록되어 있다.[53] 곤쟁이라는 새우는 짙은 보랏빛을 띠어 자하紫蝦라고 부르는데 크기가 아주 작아서 일반 식품으로는 쓰기 어려우므로 젓갈을 담기에 적절했다. 그리고 16세기 후반의 것으로 추정되는 『주초침저방酒醋沈菹方』에서는 어린 오이를 소금물에 하룻밤 재웠다가 꺼내어 반쯤 말린 후에 곤쟁이젓과 섞어서 담근 김치를 감동저甘動菹라고 했다. 바로 『세종실록』의 오이김치이다.

이 감동저라 부르는 곤쟁이젓오이김치가 바로 문헌에 최초로 보이는 섞박지이다.

곤쟁이젓 오이김치를 받은 감동

곤쟁이젓으로 담근 오이김치를 감동저(甘冬菹·感動菹)라 했는데, 유몽인은 『어우야담(於于野談)』에서 '감동'이라는 이름의 유래를 소개하고 있다. 중국 사신이 황해도 해주에서 자하(紫蝦)로 담근 오이김치를 먹다가 갑자기 울기에 이유를 묻자 천하의 진기를 먹게 되니 만 리 밖에 계신 늙은 어머니 생각에 음식이 목에 넘어가지 않는다고 하기에 곤쟁이젓 오이김치를 싸주었더니 사신이 감동해서 그런 이름이 생겼다는, 믿거나 말거나 한 이야기를 전하고 있다. 『세종실록』의 기사는 대략 비슷하지만 약간 다르다. 1426년 봄에 명나라 사신 백언(白彦)이 왔는데 그는 조선인 출신으로서 어머니는 만 리 밖 중국이 아니라 고향 수원 집에 있었다. 당시 백언이 그해 6월에 수원 고향 집에 갈 때 어머니에게 드리려고 영접도감에 요청하여 오이김치 두 항아리를 준 것으로 기록되어 있다. 그러나 사실을 말하자면 감동과 곤쟁이는 같은 말이 음이 약간 다르게 갈라진 것이다. 이만영의 『재물보』에서는 자하를 '감동이' 또는 '권장이'라 부른다고 하였다.

섞박지는 간혹 여러 채소를 섞어서 담근 김치나 여러 젓갈을 섞어서 담근 김치로 오해되고 있다. 국어사전에도 '절인 배추와 무와 오이를 넓적넓적하게 썰고 여러 가지 고명에 젓국을 조금 치고 한데 버무려서 익힌 김치'로 정의되어 있다. 그러나 본래 섞박지는 젓갈을 넣은 김치를 말하며, 주재료로 쓰이는 채소와 젓갈의 가짓수와는 아무런 관련이 없다. 섞박지는 채소와 젓갈이라는 이질적인 두 재료를 섞어 박았다는 뜻으로 붙인 이름이다.

김정국의 『사재집思齋集』에서도 속칭 감동저라는 자하청과 교침저紫蝦青苴交沈菹의 재료 중에 채소로는 오이 한가지가, 갈

섞박지의 어원

섞박지는 빙허각 이씨(憑虛閣 李氏)가 쓴 『규합총서』(1809)에 '셧박지'라는 이름으로 등장한다. '밖, 묶다'의 고어가 '밧, 뭇다'이듯이 '섞다'의 고어는 '섯다'이다. 우리말에서 초기에는 겹받침의 자음을 모두 발음했기에 '섟다'로 썼지만 절음화가 진행되면서 받침 하나만 발음하게 되자 '섯다' 또는 '석다'로 쓰다가 지금의 '섞다'로 정착된 것이다. 그리고 『법화경언해(法華經諺解)』(1463)에도 등장하는 '섯박다'라는 말은 '섞어서 박았다'는 말이다. 결국 '섯박지'는 채소와 젓갈을 섞어서 박은 김치를 뜻한다.

로는 곤쟁이젓 한 가지가 들어간다. 그리고 16세기 후반의 『주초침저방』에는 아마도 '동아흰새우섞박지'라 불렀을 동과백하해교침저冬苽白蝦醢交沈菹가 있는데 동아 한 동이, 소금 6되, 흰새우젓 한 말이 들어간다. 이것도 채소와 젓갈은 모두 한 가지만 쓰고 있다.

그런데 19세기 초의 『규합총서』에서는 섞박지가 다양하게 변모되어 나타난다. 채소로는 무, 배추, 가지, 오이, 동아, 갓 등을 쓰고, 양념으로는 청각, 마늘, 생강, 파, 고추 따위를 첨가하며, 젓갈로는 조기젓, 준치젓, 밴댕이젓, 굴젓 등을 넣고 때로는 낙지, 전복, 소라 따위도 넣었는데, 이런 채소, 양념, 젓갈, 어패류 등이 그때그때 선별 조합되어 만들어졌다. 그리고 19세기 전반기의 것으로 생각되는 『주찬酒饌』에 서박저胥薄菹라는 이름으로 소개된 섞박지는 배추와 순무에 파, 마늘, 생강, 산초가루, 청각 등으로 양념을 하고 조기젓이나 굴젓, 새우젓을 넣어 담근 김치로 소개되어 있다.

19세기 당시의 섞박지가 예전의 것과 다른 점은 채소와 젓갈, 젓국이 다양해지고 각종 양념이 들어갔다는 것이다. 18세기부터 나타난 김치의 변화가 섞박지에도 나타난 것이다.

그리고 요즘 일반인들에게는 섞박지가 대개 무를 큼직하게 썰어서 젓국과 고춧가루 등의 양념을 넣고 버무린 김치로 인식되어 있다. 이런 섞박지는 1720년경에 어의 이시필李時弼이 지은 『소문사설謏聞事說』에 청해菁醢라는 이름으로 등장하는데 무가 아니라 순무를 큼직하게 썰어 쓰는 점이 다르다. 아마도 젓갈김치의 종류가 늘어나서 섞박지라는 이름만으로는 서로 구분이 되지 않자 각자 다른 이름을 갖게 되었고 그중의 하나인 무섞박지에만 섞박지라는 이름이 남은 듯하다. 그와 함께 여러 채소를 섞은 것인지 채소에 젓갈을 섞은 것인지 개념도 모호해졌던 것이 아닌가 한다.

19세기에는 젓국 대신에 생선을 달인 육수를 넣은 김치도 나타났다. 『규합총서』의 어육魚肉김치는 김장 때 무, 배추, 갓을 절이고, 대구, 북어, 민어, 조기 등의 대가리와 껍질을 모아 쇠고기와 함께 진하게 달인 육수를 넣고 땅에 묻어두었다가 이른 봄에 꺼내어 먹는 김치이다.

김치에 첨가하는 동물성 단백질 식품으로는 젓갈이 아닌 어패류나 육고기도 있었다. 생선 토막을 넣은 김치나 전복에 가늘게 채 썬 유자 껍질과 배를 넣고 만든 전복김치도 이러한 유에 속한다. 가장 자주 보이는 것은 꿩김치이다. 16세기 안동의 유학자 김유金綏가 쓴 『수운잡방需雲雜方』(1540)의 치저雉葅는 오이지를 물에 담가 적당히 소금기를 빼낸 후에 잘게 썬 생강과 꿩고기를 함께 넣고 소금, 참기름, 달인 간장, 씨 뺀 산초를 첨가하여 잠깐 끓여서 만든다고 한다. 17세기 『음식디미방』(1670년경)에도 비슷한 이름의 '싱치팀치생치김치, 싱치준지히생치작은지, 싱치지히생치지' 김치들이 보이는데, 오이지를 물에 우려내어 소금기를 적당히 뺀 뒤에 꿩고기를 넣고 소금물에 담가서 삭혀 먹든지, 아니면 간장, 참기름을 넣고 볶아 먹는 음식으로 소개되어 있다. 그러므로 온전한 김치라기보다는 김치와 꿩고기 요리의 중간쯤에 해당하는 음식으로서 술안주로도 쓰였다.

18세기 김치에 고춧가루와 젓갈이 들어가게 된 이유에 대해서는 의견이 분분하다. 고춧가루를 쓴 이유로는 소금이 수요가 증가하면서 귀해져서 고춧가루가 소금의 대체재로 사용되었다는 견해도 있고, 젓갈의 산패를 효과적으로 막기 위해 넣었다는 주장도 있다. 젓갈을 쓴 이유는 발효가 잘 일어나게 하고 김치의 유산균을 활성화하기 위한 것이라고도 한다. 한편으로는 젓갈의 동물성 단백질 보충 기능이 거론되기도 하지만 옛날 사람들이 음식을 만들 때 그 정도로 영양소의 균형에 신경을 썼을까 하는 생각에 반신반의하게 된다.

어느 말이 옳은지 아직은 분명치 않다. 개인적인 견해로는 18세기에 어느 정도의 생산성 향상으로 경제적 여유가 생기면서 새로운 맛에 대한 욕구가 일어나 지금과 같은 방식의 김치로 바뀐 것이 아닐까 한다. 같은 매운맛이라 하더라도 산초가루와 후춧가루의 매운맛은 비슷하지만 고추의 매운맛은 상당히 다르다. 그리고 젓갈의 감칠맛이 김치에 새로운 맛을 부여했으리라는 것은 두말할 나위도 없다. 일부 부유층에서 음식에 시험적으로 조금씩 넣던 고춧가루와 젓갈이 새로운 미각에 눈뜨게 했을 것은 충분히 짐작되고도 남는다. 음식문화사의 권위자 맛시모 몬타나리[M. Montanari]는 유럽의 귀족들이 오래된 고기의 부패를 방지하고 나쁜 맛이나 냄새를 덮기 위해 향신료를 썼다는 종전의 주장은 사실이 아니며 향신료에 대한 열광은 식도락과 직접 연관되어 있다고 주장한다.[54]

김치의 두 이름, 딤채와 디히

🌿 '딤치'와 '팀치'

'김치'라는 말이 담근 채소라는 뜻의 한자어 '침채沈菜'에서 유래되었다는 학설은 통설이 아니라 이미 정설로 자리 잡았다.[55] 지금도 고춧가루를 쓰지 않은 백김치나 동치미를 제사상에 차려놓고 침채라고 부르기도 한다. 그런데 '沈菜'의 우리말 표기를 추적해 보면 김치라는 말의 기원을 찾을 수 있다.

'沈菜'를 한글로 표기한 우리말은 '딤치, 팀치, 짐치, 침치, 김채, 김치' 등이 있었는데 시기에 따라 사용된 말이 달랐다. 이 말들의 선후 관계를 살펴보면 '딤치'는 '짐치'를 거쳐 현재 '김치'

로 안착했지만, '팀치'는 '침치'를 거쳐 사라진 것으로 보인다.

沈菜의 한글 표기를 최초로 확인할 수 있는 문헌은 1527년에 편찬된 최세진의 『훈몽자회』이다. 그 책에서는 '菹'를 '딤치 조'로 해석했다. 반세기 후 유희춘이 1576년에 지은 『신증유합新增類合』에서도 '菹'를 '딤치 져'로 읽었다. 또 그로부터 약 60년 뒤에 간행된 김육의 『구황촬요벽온방救荒撮要辟瘟方』에서도 '딤치'로 읽었다. 그 후로 17세기 말부터는 우리말에서 구개음화가 진행되어 '딤치'가 '짐치'로 변했다.

그런데 '딤치'가 사용되던 시기에도 '沈菜'를 '팀치'로 읽은 사례도 적잖이 보인다. 1573년의 『내훈內訓』과 1586년의 『소학언해小學諺解』에서, 그리고 17세기 『첩해신어捷解新語』와 18세기 『왜어유해倭語類解』에서도 '沈菜'를 '팀치'로 기록했다. 그 후 영·정조 때 편찬된 『동문유해同文類解』(1748), 『역어유해보譯語類解補』(1775), 『한청문감漢淸文鑑』(18세기 후반)에서는 '팀치'가 구개음화의 영향을 받아 '침치'로 바뀌었다.

그런데 '딤치'와 '팀치'가 공존했던 16세기에 '沈' 자의 공식적인 음은 '팀'이었다. 이는 현존 최고의 천자문인 광주판光州版 『천자문』(1575)과 그보다 3년 뒤에 나온 한호의 『석봉천자문石峰千字文』(1578)에서도 '沈'을 '드믈 팀'으로 풀이한 것으로 확인된다. 그런데 왜 '팀치'라 하지 않고 '딤치'라 했을까?

표 3 **沈菜의 국어표기 변천**

	16세기	17세기	18세기	19세기
딤치 계열	딤치 훈몽자회 딤치 신증유합	딤치 구황촬요벽온방 짐치 두창경험방언해		김치 물명고
팀치 계열	팀치 내훈, 소학언해	팀치 첩해신어	팀치 왜어유해 침치 동문유해, 한청문감	팀치 화어유해 침치 아학편, 규합총서

눈여겨볼 것은 〈표 3〉에서 '딤치·짐치'로 부른 딤채 계열의 책과 '팀치·침치'로 부른 침채 계열의 책은 독자층이 서로 달랐다는 것이다. 『훈몽자회』, 『신증유합』, 『구황촬요벽온방』, 『두창경험방언해痘瘡經驗方諺解』 등의 딤채 계열 책은 어린이나 일반인들을 위한 책이다. 한편 팀채 계열의 『내훈』이나 『규합총서』는 양반 부녀자들이 읽던 책이고, 『소학』은 양반들의 수신서이자 유교 경전이고, 『첩해신어』, 『왜어유해』, 『화어유해和語類解』는 일본어 학습서이며, 『동문유해』, 『한청문감』, 『역어유해보』는 중국어 학습서이다. 즉 팀채 계열의 책은 상류층, 지식층, 전문직 종사자들이 읽었던 책들이다.

최세진, 유희춘, 김육은 민간의 언어를 존중하여 '딤치'로 썼고, 양반 지식층이나 역관들은 '딤치'가 '沈菜'에서 유래된 말임을 인지하고 당시 한자음을 충실히 반영하여 '팀치'라 했을 것이다.[56]

우리말의 ㅈ, ㄷ, ㅂ, ㄱ 음소音素는 오래전부터 있었으나 ㅊ, ㅌ, ㅍ, ㅋ의 유기음 음소는 통일신라까지도 없었는데 고려 이후로 ㅊ이 생기고, 그다음에 ㅌ이 생기고, 한참을 지나서 ㅍ에 이어 ㅋ이 발생했다. 그러므로 ㅊ은 있되 ㅌ은 아직 없던 시기에는 沈菜를 '딤치'로 읽었을 것이다. 그런데 ㅌ이 발생한 후로도 '딤치'라는 말은 이미 오랜 관습으로 고유어처럼 굳어져 여전히 통용되었다.

이러한 현상은 갈치刀魚·刀致라는 말에서도 볼 수 있다. 16세기 전반 『훈몽자회』에서는 ㅋ 음소가 없거나 미약하게 발생하고 있어서 칼刀을 '갈'이라 했다. 칼처럼 생긴 물고기도 '갈치'로 불렀다. 그런데 16세기 후반 『석봉천자문』에서는 ㅋ 음소가 자리를 잡아 '갈'이 '칼'로 변했다. 그러나 갈치라는 말은 오래도록 귀에 익어서 칼치로 바뀌지 않은 채 지금까지 그대로 통용되고 있다.

일반인들이 '沈菜'를 '딤치'로 발음했다는 것은 지금 '김치'라는 말만 남은 것으로 알 수 있다. '딤'의 구개음화로 발생한 '짐'은, '질삼'이 역구개음화로 '길쌈'으로 변한 것처럼, '김'으로 변할 수 있다. 그러나 '팀'의 구개음화로 발생한 '침'이 '김'으로 바뀔 수 있는 통로는 없다.

결국 '팀치'는 실제로 사용된 말로 보기 어렵다. 양반 지식층들은 딤치가 '沈菜'에서 유래된 말이므로 팀치라고 해야 옳다고 했지만 대다수 사람들에게 먹혀들지 않은 것이다. 이는 모두가 짜장면이라고 부르는 국수를 중국어 '자쟝미엔炸醬麵'에서 온 것이므로 '자장면'이라고 해야 옳다고 열심히 가르쳤다가 결국 포기한 것과 마찬가지다. 지금은 짜장면과 자장면이 모두 표준어로 등록되어 있다.

'디히'에서 '지'로

김치를 지칭하는 우리말로는 '지'라는 말이 있다. 오이지, 짠지, 섞박지, 단무지, 젓국지, 장아찌장앳지 등 김치 이름에는 '지'가 붙는 경우가 많다. 그리고 전라도 방언에서는 김치를 '지'라고 부르고, 경상도, 충청도의 일부 지역에서도 그렇다.[57]

'지'의 고어는 '디히'이다. 1481년에 간행된 초간본 『두시언해』에서는 겨울 김치 동저冬菹를 '겨슻디히'로 번역했다.[58] 17세기 초에 간행된 『언해두창집요諺解痘瘡集要』에서도 오이김치를 '외디히'라 하였고, 17세기 말의 『주방문』에서는 약침채藥沈菜를 '약지히'로 표기하였다. '디히'가 구개음화로 '지히'가 된 뒤, 다시 '지이'로 바뀌었다가 '지'로 축약된 것이다.

한편 16세기 초의 『번역박통사飜譯朴通事』에서는 '쟝과아醬瓜兒'를 '쟝앳디히'라 했고, 이것이 1748년의 『동문유해』에서 '醬苽子 쟝앗디이'가 되었고, 18세기 후반의 『한청문감』에서는 '醬瓜 쟝앗지이'로 바뀌었다. 지금의 '장아찌'가 본래 오이를 장에 담근 김치에서 유래되었음을 알 수 있는데, '디히→디이/지히→지이→지'로 바뀌는 과정을 뚜렷이 보여 준다.

디히라는 말은 원시 알타이어의 '소금, 절임'을 뜻하는 '타쿠'에서 온 말로 생각된다. 그 흔적이 일본어에서 김치를 뜻하는 '쓰케모노漬物'로 남았다. 일본어에서는 타쿠가 '투카'가 되고, 다시 구개음화로 인해 쓰케가 되었을 것이다.[59] 앞서도 밝혔듯이 우리말에서 유기음 ㅌ 음소는 고려 후기에 이르러서야 나타났고, ㅋ은 조선 초기에도 발생 중에 있었다. 그러므로 '타쿠'는 아주 오래전의 우리말에서는 '다구'로 실현되었을 것이다. 모음 아[a]나 오·우[u]가 우리말에서 이[i]로 변한 사례가 적지 않고, ㄱ[k] 또는 ㅅ[s]의 일부는 ㅎ[h]으로 변했을 것으로 추정되고 있다. 그러므로 '다구'가 '디히'로 변한 것은 그다지 기이한 일도 아니다.

일부에서는 김치라는 말이 한자어 침채에서 유래된 말이므로 김치의 기원도 중국이라는 주장을 하기도 하지만 허황된 말이다. 왜냐하면 '沈菜'는 한국식 조어일 뿐, 중국에는 그런

낱말이 없다. 그리고 또 김치를 지칭하는 말로 '딤치' 이전에 '디히'가 있었다. 디히는 중국어, 티베트어, 버마어가 속해 있는 한장어군漢藏語群: Sino-Tibetan과는 갈래가 전혀 다른 알타이어에서 온 말이다. 우리 방식의 김치를 만들어 먹으면서 그것을 '디히'로 부르다가 언제부터인가 채소절임에 관한 정보를 기록으로 남길 때는 한자가 필요하여 '沈菜'로 썼고, 그로 인해 '딤치'라는 새로운 이름이 하나 더 생겼는데 그것이 '디히'를 압도하고 '김치'로 변해 널리 퍼졌을 뿐이다.

제6장

향신료

마늘, 산초와 후추
—
고춧가루가 일으킨 획기적 변화

마늘, 산초와 후추

향신료香辛料는 문자 그대로 음식의 향이나 매운맛을 내는 식재료이다. 열매나 씨앗 또는 그 가루로 매운맛을 내는 스파이스spice와 잎과 줄기로 향을 내는 허브herb를 통칭하여 향신료라 부른다.

향신료는 문화권에 따라서 호불호가 갈린다. 서양 음식의 파슬리, 로즈메리, 타임, 바질 등은 향이나 맛이 강하지 않아서 크게 선호하지는 않더라도 강한 거부반응을 일으키지는 않는다. 그러나 동남아시아와 중국의 각종 음식에 들어가는 고수胡荽는 좋아하는 사람도 많지만 싫어하는 사람도 적지 않다. 중국에서는 향기로운 채소라는 뜻으로 샹차이香菜라 부르는 고수를 우리나라에서는 빈대풀이라고 부르는 것으로도 알 수 있다. 마찬가지로 우리가 음식에 넣기도 하고 쌈으로도 즐겨 먹는 들깻잎을 외국인들은 향이 너무 강하다고 멀리하며 고소한 참기름 냄새도 유럽인들은 싫어한다.

우리 음식의 향신료로는 대파, 참깨, 생강, 겨자 등이 있었다. 이 중에 매운맛을 내는 향신료로는 겨자가 있었다. 겨자芥子는 본래 갓芥의 씨앗을 말하는데, 그보다는 씨앗을 갈아서 만든 가루를 물에 갠 뒤 발효시켜서 톡 쏘는 매운맛이 나게 한 것을 주로 겨자라 부른다.

그렇지만 가장 널리 쓰이는 향신료는 단연 고추와 마늘이다. 알싸한 매운맛을 내는 마늘은 우리 민족이 오래전부터 먹어왔던 향신료이다. 단군신화에 등장하는 '산蒜'이 마늘인지 달래인지 논란이 있으나, 여하튼 늦게 잡아도 고려 때부터는 먹었던 향신료이며, 지금도 1인당 소비량이 세계 최고를 기록할 정도로 여러 음식에 많이 들어간다. 때로는 날로 먹기도 하는데, 생마늘을 먹는 식습관은 우리나라와 중국에만 있다고 한다.

그리고 마늘은 단순한 기호식품이 아니다. 비타민 B1 티아민thiamine은 마늘의 알리신allicine과 결합하면 알리티아민allithiamine으로 바뀌어 우리 몸에 쉽게 흡수되므로 마늘은 면역력 증진과 피로 회복에 효과가 있어 몸에 활력을 불어넣는다. 사실 여부는 확실치 않지만 이집트 피라미드를 지은 일꾼들이 마늘을 먹고 기운을 냈다는 이야기가 오래전부터 전해 오고, 일제강점기에 체구도 작은 서울역의 지게꾼들이 무거운 짐을 거뜬히 메고 다닐 수 있었던 것도 주머니에 넣어두고 한 알 두 알 꺼내 먹는 마늘 때문이었다는 이야기도 있다. 우리나라에서 엄청난 양이 판매되는 아로나민이라는 영양제도 비타민 B1을 주성분으로 한 것이다. 그리고 쌀을 주식으로 하는 곳에서는 비타민 B1의 부족으로 각기병의 위험에 노출되기 쉬운데 우리 민족은 마늘을 많이 먹어 그 위험에서 멀어질 수 있었다.

한국 음식에서 빼놓을 수 없는 향신료가 고추다. 고추가 도입되기 이전에 매운맛을 내는 대표적인 향신료로는 산초山椒라고도 부르는 천초川椒가 있었다. 추어탕이나 매운탕에 넣는 산초가루가 바로 그것이다. 동아시아 한국, 중국, 일본에 자생하는 초피나무조피나무는 꽃이 지고 나면 가을에 작고 동그란 열매가 열려 붉게 익고, 열매가 점점 갈색으로 변하면서 껍질이 벌어지는데 그 껍질椒皮을 말려 갈아서 쓰는 것이다. 그러나 껍질 가루로 쓰지 않고 열매를 통으로 쓰는 경우도 적지 않았다. 예컨대 김치를 담글 때 산초 알맹이를 넣는 것은 김치에 매운맛을 내기 위한 것이라기보다는 김치가 쉽게 물러지지 않게 하려는 것이었다.

산초가루는 매운맛이 강해서 사냥과 천렵에 독약으로 쓰였다. 물고기를 잡을 때 산초가루를 냇물에 풀어서 기절한 고기들이 물 위로 뜨면 건져내는 것이 잔혹하다 하여 세종 때와 세조 때 금지한 기록이 있고, 김일손의 「두류산기행頭流山記行」에서도 지리산 쌍계사 승려들은 물고기 잡을 산초를 바치라는 관의 지시에 괴로워했다. 또 이덕무의 『청장관전서』에서는 꿩 잡을 때 밥에 산초가루를 섞어 밭두둑에 두면 그 밥을 쪼아먹은 꿩이 입을 벌리고 죽어 있다고 했다.

초피나무의 산초와 산초나무의 분디

초피나무는 조피나무라고도 하며 동아시아의 야산에서 자생하는 나무이다. 그 열매를 초(椒), 산초라 하며 제피, 젠피라고도 부른다. 산초의 매운맛은 고추와 달리 얼얼한 느낌이 난다. 일반 양반을 사림(士林)이라 하고 양반의 첩 자녀 서얼(庶孼)을 초림(椒林)이라고도 했는데 산초가 얼얼한 맛이 난다고 해서 붙은 별명이다. 그런데 산초가 열리는 초피나무와 별도로 산초나무라는 나무가 별도로 있어 혼동하기 쉽다. 산초나무의 열매는 산초가 아니라 분디라고 한다. 분디는 예전에 장아찌를 만들어 먹기도 했고, 오이가 쉽게 무르지 않게 오이김치에 넣기도 했다.

고려 후기에는 산초와 비슷한 매운맛 향신료로 후추胡椒가 도입되었다. '胡호'는 중국 변방의 오랑캐 전체를 가리키기도 하지만 대개는 북쪽이나 서쪽 변방 민족을 가리키는 말이었다. 서역에서 온 후추는 기원전 2세기 한나라 때 장건張騫이 서아시아에 가서 호두胡桃, 포도葡萄: bādāwa, 석류 등을 가져올 때 함께 가져왔다고 전한다.

인도가 원산지인 후추는 고대 로마에서 오래 저장된 고기의 누린내를 없애는 향신료로 각광받았다는 이야기가 있다. 중세시대에 아라비아 상인을 통해 인도 남부에서 유럽으로 전해졌던 후추는 장시간에 장거리를 거쳐 오는 값비싼 물품이어서 검은 황금이라 불리기도 했고, 유산 목록에 후추가 알갱이 숫자로 기록되기도 했다.

인도에서 동쪽으로 간 후추는 동남아시아에서 유구琉球: 오키나와, 일본을 거쳐 조선으로 들어왔다. 우리나라의 후추에 관한 기록은 고려 후기 이인로의 『파한집破閑集』에 처음으로 나오며, 고려 말 1389년창왕 [1]에는 유구국 사신이 후추 300근을 바쳤다는 기록이 있다. 그 후 조선은 일본과 유구를 통해 후추를 수입하였다.

후추 수입량은 15세기 전반 세종 때는 특별한 경우를 제외하면 대개 연간 수십 근 정도였다. 그러나 15세기 후반 성종 때는 크게 늘어 500근, 1000근이 수입되는 일이 이따금 있었다. 후추는 수요는 많은데 공급량이 안정적이지 않고 오르락내리락하여 성종 때는 직접 재배하기 위해 몇 차례 일본에서 종자를 얻어보려고 시도했으나 뜻대로 이뤄지지 않았다. 그러다가 16세기 전반 중종 때는 무역량이 때로는 5천 근에서 1만 근에 육박할 정도로 급증하였다. 하지만 곧이어 16세기 후반에 일본이 전국시대戰國時代의 혼란에 빠져들고 왜구의 노략질이 늘어나 대일무역이 중단되면서 수입량이 대폭 줄어들었다.

그림17 후추. 녹색 열매를 따서 말리면 짙은 갈색의 블랙 페퍼가 되며, 다시 껍질을 벗긴 것이 화이트 페퍼이다. 사진: Didier Descouens

후추는 수입에만 의존한 고가품이어서 왕의 하사품으로 쓰였고, 양반 관료들이 친지와 동료들에게 보내는 선물이나 답례품으로 쓰였다. 유희춘의 『미암일기』에도 후추를 붓, 먹, 부채 등과 함께 친지들에게 선물로 보내거나 왕에게서 하사받은 기록이 보인다. 후추가 귀한 물건임은 유성룡의 『징비록』에 실린 일화로도 알 수 있다. 임진왜란 직전 조선에 온 일본 사신이 동평관 잔치 자리에서 후추를 한 움큼 뿌리자 악공들과 기생들이 이를 줍느라 큰 소동이 벌어졌다고 한다.

후추는 매우 값비싼 수입품이었으므로 산초를 대체하는 향신료로 쓰이지 못했다. 17세기 이전의 요리서에서 김치에 산초를 쓰는 경우는 적잖게 보이지만 후추를 쓰는 경우는 거의 찾아보기 힘들다. 16세기 중엽 『수운잡방』에 소개된 향과저香瓜菹는 어린 오이를 꼬트머리를 잘라내고 길게 세 가닥으로 갈라 그 틈새에 양념을 넣고 항아리에 넣은 뒤 졸인 간장을 부어 익혀서 다음 날부터 먹는 오이김치이다. 그 양념으로 생강, 마늘과 함께 후추가 쓰이고 있다. 그것이 지금까지 발견된 바로는 조선 전기의 요리서에서 김치의 양념으로 후추가 사용된 유일한 사례이다. 지금의 오이소박이는 오이를 길게 세로로 갈라서 갈라진 틈새에 소를 박아넣었으므로 '소박이'라는 이름이 붙은 것으로 짐작되는데, 그 초기 형태가 약 500년 전의 문헌에 향과저라는 이름으로 선을 보인 것이다.

후추는 고가품이라 그때까지만 해도 주로 약재로 쓰였다. 16세기 유희춘의 『미암일기』나 이문건의 『묵재일기默齋日記』를 보면 산초는 생강, 순무, 두부 등의 음식과 함께 등장하고 후추는 소합원, 청심환 등의 약재와 함께 거론되고 있다. 『동의보감』에서는 후추라는 약재가 성질은 따뜻하고 맛은 매운데, 담을 삭이고 속을 따뜻하게 하고 장부臟腑의 풍과 냉을 없애며 장이 허하여 생기는 냉리冷痢에 효험이 있다고 하였다. 그래서 16세기 유희춘은 일기에서 아침에 세 번이나 뒷간을 다녀온 후로 후추로 지은 후추탕을 마셨더니 속이 따뜻해져서 효험이 있었다고 썼다. 그리고 18세기의 학자 황윤석은 일종의 기관지염인 흉격냉담胸膈冷痰을 치료하기 위해 종종 후추 넣은 약을 직접 조제해 먹었다.

예전의 후추는 가루보다는 대개 알갱이로 사용되어 속이 편치 않을 때 입안에 넣고 씹어 먹는 일이 많았다. 여행객들은 차고 다니는 주머니나 쥘부채 손잡이에 매달린 선추扇錘에 후추를 넣고 다니면서 추운 겨울에는 입안에 넣고 씹어서 몸에 열기를 내었다. 그리고 여름에 더위가 심할 때는 몇 알을 꺼내어 갈아서 물에 타서 마셨다. 후춧가루를 풀어 넣은 알싸한 찬물은 아마도 탄산수 같은 느낌이 났을 것이다.

고춧가루가 일으킨 획기적 변화

프랑스의 레비스트로스 C. Levi-Struas 는 『날것과 익힌 것』(1964)이라는 저술에서 다양한 요리법을 통해 인간의 사고체계를 파헤친, 유명한 구조주의 인류학자이다. 1981년에 우리나라를 방문하여 3주간 안동 하회마을 등 이곳저곳을 둘러보고 난 뒤 그에게 한국을 처음 방문한 소감을 묻자 한국 음식이 먹기 힘들 만큼 양이 많고 대부분 빨간 것이 인상적이었다고 대답했다. 고춧가루나 고추장으로 조리한 음식이 많았기 때문이다.

고추는 한국 음식의 상징과도 같은 향신료이다. 그 자체로도 식품으로 쓰이지만, 말려서 빻은 고춧가루는 나물, 탕, 찌개 등 우리 음식 전반의 양념으로 쓰이며, 또한 고춧가루에 찹쌀과 메주를 섞어 담근 고추장의 쓰임새도 다양하다. 서양에서 18세기 식생활의 혁명적 변화로는 포크의 사용과 개인 접시의 사용, 그리고 감자를 드는데, 우리나라에서라면 단연코 고춧가루의 사용을 들 것이다.

고춧가루는 우리의 입맛을 크게 바꾸어 놓았다. 고추 이전의 향신료 중에 후추는 고가품이어서 약재로 많이 쓰였고, 쏘는 매운맛을 내는 겨자는 자주 쓰이지 않았다. 그래서 주로 마늘과 산초가 매운맛을 담당했다. 그런데 마늘의 멀건 노란색이나 산초의 칙칙한 짙은 갈색과는 달리 고추의 강렬한 빨간색은 식욕을 자극했다. 그리고 고추는 알싸한 매운맛의 마늘이나 얼얼한 매운맛의 산초와는 달리 새로운 매운맛으로 미각을 자극했다. 사람들은 이 맛에 점점 친숙해졌고 급기야 한국 음식 전반에 고춧가루가 쓰이는 획기적인 변화가 일어났다.

고추의 원산지는 중앙아메리카로 알려져 있다. 그러므로 아메리카 대륙 발견 이후에야 유럽으로 전해졌고 이어서 동남아시아를 거쳐 동아시아의 한국, 중국, 일본에 전해졌다. 고추는 유럽을 통해 들어왔다고 해서 남만초南蠻椒, 만초蠻椒, 번초蕃椒·番椒라고 했고, 일본에서 왔다 하여 왜겨자倭芥子라고도 했다. 매운 가지라는 뜻의 날가辣茄라는 이름도 있는데 꼬마

가지처럼 생긴 고추는 실제로 가짓과 채소이다.

고추는 여러 가지 정황으로 보아 1600년을 전후한 시기에 일본을 통해 들어온 것으로 추정된다. 이수광의 『지봉유설芝峯類說』(1614)에서는 "남만초에는 큰 독이 있다. 처음에 왜국에서 왔기에 항간에 왜겨자라 부르며 지금은 왕왕 심고 있다. 술집에서 맹렬한 맛을 이용하여 간혹 소주에 섞어 팔기도 하는데 마시고 죽은 사람들이 많다"라고 하였다. 독한 소주와 매운 고추를 함께 먹은 사람들이 많이 죽었다는 것은 매운맛의 강렬함에 대한 인식이 퍼뜨린 과장된 풍설이겠지만 고추가 일본에서 들어왔고 초기에는 통고추 상태로 먹었다는 정보를 얻을 수 있다.

그런데 일각에서는 고추가 처음부터 우리나라에 있던 식품이라는 주장을 하기도 한다. 그 근거 중의 하나가 『훈몽자회』(1527)의 기록이다. 『훈몽자회』에서는 '椒'를 '고쵸 쵸'로 풀이하고 있는데 고쵸가 바로 고추이니 이미 임진왜란 훨씬 이전에 우리나라에 고추가 있었다는 것이다. 그리고 세종 때의 『향약집성방鄕藥集成方』(1433)에 나오는 초장椒醬이나 초시椒豉도 모두 고추장을 말한다고 한다.[60]

그러나 고쵸는 고추만을 지칭하는 이름이 아니다. 『훈몽자회』 이전에 간행된 『구급간이방救急簡易方』(1489)에서는 산초椒

와 후추胡椒를 모두 고쵸라고 불렀다. 즉 산초, 후추를 구분하지 않고 모두 고쵸로 부르다가 나중에 고추가 알려진 뒤로는 그것도 고쵸로 부른 것이다.

그리고 고추는 한자로는 苦椒고초 또는 苦草고초로 썼다. 苦고가 '맵다' 또는 '매워서 괴롭다'를 뜻하는 한자라고 풀이하기도 하지만, 苦는 고삼苦蔘의 예에서 보이듯이, 매운맛이 아니라 쓴맛에 쓰는 글자다. 고추를 산초, 후추와 함께 고쵸로 부르면서 그저 고쵸와 같은 음을 지닌 한자를 빌려서 그렇게 썼을 뿐이다.

고쵸가 산초, 후추, 고추 셋 중에 어느 것에 해당하는지는 당시 정황과 문맥으로 파악하는 것이 옳다. 조선 전기 문헌에 보이는 초椒는 산초이고 초장椒醬이나 초시椒豉도 고추장이 아니라 산초로 담근 장으로 보는 것이 타당하다.

앞에서 말했듯이 고추는 처음에는 가루 상태의 양념이 아니라 통째로 식품으로 쓰였고, 양념으로는 다른 것들이 쓰였다. 고추를 말린 후 갈아서 고춧가루 형태로 음식에 양념으로 들어간 것은 18세기에 이르러서였다. 고춧가루의 사용으로 이때 한국 음식의 획기적인 전환이 일어났다.

그 첫 사례는『증보산림경제』(1766)의 황과담저黃瓜淡菹에 보인다. 어린 오이의 꼭지를 제거하고 옆면 세 군데를 칼로 길게 그어 그 틈새에 고춧가루蠻椒末와 마늘 조각 너덧 개를 끼워서 항아리에 담은 다음에 뜨거운 소금물을 붓고 단단히 봉해 두었다가 다음 날 꺼내 먹는 음식이다. 앞에서 오이소박이의 초기 형태로 말한 『수운잡방』의 향과저와 같은 음식이라는 것을 단번에 알 수 있다. 그런데 200여 년이 지난 사이에 달라진 것은 간장 대신에 소금물이, 후춧가루 대신에 고춧가루가 쓰인 것이다. 고춧가루도 값싼 재료는 아니었지만 수입품 후춧가루에 비하면 훨씬 쓰기 편했고 맛도 색달랐다.

『증보산림경제』에는 고춧가루를 양념으로 한 황과담저 외에 고춧가루로 담근 만초장蠻椒醬이 소개되어 있다. 그런데 메주에 찹쌀가루, 엿기름과 함께 고춧가루를 넣어 만드는 고추장은 『증보산림경제』보다 40여 년 전의 『소문사설』에 이미 순창고추장 제조법으로 소개되어 있다. 순창고추장은 생강과 함께 전복, 대하, 홍합 등의 고급 식재료를 써서 만든 고추장이었다. 19세기 전반기의 『오주연문장전산고』에 따르면 고추장으로는 순창고추장뿐 아니라 천안고추장도 유명했다는데, 고추장이 널리 확산되어 지역에 따라 다양한 고추장이 나타났음을 알려 준다.

제7장

고기와 생선

저조했던 육류 소비

―

가축의 고기보다 야생동물의 고기

―

생선과 식해, 젓갈

저조했던 육류 소비

전 세계적으로 그리고 우리나라에서도 가장 많이 소비되는 고기는 쇠고기, 돼지고기, 닭고기이다. 2020년 현재 우리나라의 연간 1인당 육류 소비량은 쇠고기는 13kg, 돼지고기는 26kg, 닭고기는 15kg에 이른다. 쇠고기 소비량은 아직도 상대적으로 적은 편이지만 돼지고기 소비량은 삼겹살로 인해 크게 늘었고, 현재 전 세계적으로 1년에 600억 마리가 소비되고 있는 닭고기는 우리나라에서도 일상적인 간식이나 술안주가 된 지 오래다.

그러나 예전에는 고기를 지금보다 훨씬 덜 먹었다. 같은 시기의 유럽과 비교해서도 그렇다. 프랑스 중세사학자 페르낭 브로델F. Braudel의 연구로는 18, 19세기 프랑스의 연간 1인당 육류 소비량이 약 24kg이었고, 독일은 20kg이 채 안 되었다고 한다.[61] 그런데 우리나라 20세기 중반 1965년의 1인당 육류 소비량은 쇠고기가 1kg, 돼지고기가 1.9kg, 닭고기가 0.5kg으로 통틀어 3.4kg이었다.[62] 닭 한 마리의 고기 무게가 대략 1kg인 것을 고려하면 한 사람이 1년에 반 마리 정도를 먹었다는 말이다. 우리의 고기 소비량이 한 달 평균 600g 이상을 넘긴 것은 1970년대 중반이었다.

그렇다면 아주 오래전에는 어땠을지 어렴풋이 가늠된다. 12세기의 고려 풍습을 묘사한 『고려도경』에 따르면 양이나 돼지를 길렀다가 사신 접대에 쓰는데 국이나 구이에서 고약한 냄새가 가시지 않았다고 한다. 고기 요리 솜씨가 그토록 신통치 않았다는 것은 육식이 널리 행해지지 않았다는 것을 간접적으로 말하고 있다. 고려시대에는 살생을 금하는 불교의 영향으로 육식이 성행하지 않았으나 몽골의 지배를 받게 되자 고기를 삶아 먹는 몽골 풍습이 고려에 퍼졌다고 하는데, 기록이 소략하여 확실한 검증은 어려운 실정이지만 신빙성이 있는 추측으로 보아도 무방할 듯하다.

조선시대로 접어들면 비로소 고기에 관한 다양한 자료들을 찾을 수 있다. 요리서나 옛날 양반들의 일기를 보면 쇠고기,

돼지고기, 노루고기, 사슴고기, 닭고기, 꿩고기에 관한 기록이 보이는데 그 가운데 가장 많이 등장하는 것은 쇠고기이다.

소는 농사일에 긴요하게 쓰이므로 조선시대에도 많이 길렀다. 우리 선조들은 쇠고기를 유난히 좋아해서 수요가 끊이지 않았으나 살코기를 먹기 위한 비육우肥肉牛가 없었으므로 결국 농우에서 조달해야 했다. 하지만 나라에서는 그랬다가는 농사에 지장이 있을 것을 우려하여 소의 도살을 금하는 우금령牛禁令을 내려 정책적으로 농우를 보호했다. 조선 현종 때 공주목사 신속申洬은 농서 몇 가지를 묶어 『농가집성農家集成』(1665)을 편찬하면서, 송시열의 권유에 따라 앞부분에 조선 성리학자들이 떠받드는 주자의 권농문勸農文을 실었는데, 그 글에는 농사짓는 소를 제대로 관리하지 않고 제멋대로 도살하는 자는 등짝에 매 20대를 치고, 한 마리마다 50관문貫文의 벌금을 물려서 벌금을 모두 바칠 때까지 잡아 가둬두고 용서하지 말라 하였다.

그렇다고 해서 쇠고기를 먹지 않을 수는 없었다. 그래서 원칙으로는 사고 따위로 저절로 죽은 자사우自死牛만 도살할 수 있게 했다. 하지만 농우가 노쇠해서 더 이상 부리기 어렵게 되면 각종 핑계를 대고 편법을 동원하여 소를 도축했다.

지방 고을에는 소를 도축하고 판매하는 기관으로 관포官庖

를 두었고, 한양에서는 반인泮人이라 부르는 성균관 근처 명륜동의 노비들이 성균관의 제수祭需로 쓸 고기를 조달하면서 그와 함께 서울에 쇠고기를 공급하는 역할도 맡았다. 이들이 영업하는 푸줏간은 안에 커다란 고깃덩어리를 매달아 놓아 현방懸房이라 불렀다. 하지만 법으로는 소의 도살이 엄연한 불법이었으므로 정부에서는 우금령을 범했다는 명목으로 속전贖錢을 내게 하는 편법을 써서 도축업에 종사하게 했다. 말이 속전이지 사실은 벌금이 아니라 영업세나 마찬가지였다.

우금령은 조선 말기까지도 폐지되지 않고 엄연히 존재했지만, 몰래 또는 이런저런 이유를 달아 쇠고기가 유통되고 있었다. 쇠고기를 먹고 싶어 하는 사람들이 워낙 많았기 때문이다. 그래서 돼지고기를 즐겨 먹는 중국에서는 '육肉'이라 하면 일반적으로 돼지고기를 말하지만 우리나라에서 쇠고기를 뜻했다. 그래서 육포肉脯는 쇠고기를 말린 것이고, 육개장은 쇠고기 장국을 말한다. 수육熟肉은 삶은 쇠고기를 말하고[63] 돼지고기 삶은 것은 숙저육熟猪肉이라 했으며, 소갈비는 그저 갈비乫飛라 쓰고, 돼지갈비는 별도로 저갈비猪乫飛라 썼다. 굳이 쇠고기라는 것을 밝히려 할 때는 황육黃肉이라 했다.

쇠고기를 지극히 좋아하여 쇠고기 회식 풍속도 있었다. 홍석모의 『동국세시기』에 따르면 서울에서는 날씨가 추워지기

설렁탕과 곰탕의 유래

쇠고기를 넣고 끓이는 설렁탕의 유래에 대해서는 선농단설이 널리 알려져 있다. 세종대왕이 선농단(先農壇)에서 친경(親耕) 후에 큰비가 내려 발이 묶이자 밭 갈던 소를 잡아서 탕을 끓여 먹었고, 그 후로는 구경하던 여러 백성도 먹을 수 있게 물을 잔뜩 붓고 끓였는데, 그것을 선농단의 탕이라는 뜻에서 설렁탕이라 불렀다는 것이다. 그러나 이는 홍선표가 『조선요리학』(1940)에서 지어낸 말이다.[66] 우금이 엄연한 조선에서 국왕이 방금 전 밭 갈던 소를 잡아 탕을 끓인다는 것은 상상도 하기 어려운 일이다. 게다가 설렁탕은 밤새도록 끓여야 하는 음식이다.

또 한 가지는 몽골어설이다. 조선시대의 몽골어 사전 『몽어유해(蒙語類解)』(1768)에서 '고기 삶은 물' 공탕(空湯)을 '슐루'라고 했는데,[67] 원 간섭기에 몽골인들이 먹던 슐루가 도입되었고 그 소리가 설렁으로 변하여 설렁탕이 되었다는 것이다. 이것도 성립되기 어려운 말이다. 고려말부터 19세기까지 수백 년 동안 설렁탕에 관한 기록은 단 하나도 없다. 20세기에 접어들어서도 이용기의 『조선무쌍신식요리제법』(1924)에서는 언급조차 되지 않았고, 손정규의 『조선요리』(1940)에 곰국, 육개장과 함께 서울 음식으로 처음 나온다. 그리고 공탕(空湯) 슐루는 고깃국이 아니라 고기 삶은 국물일 뿐이다.

곰탕은 설렁탕과 대비되는 음식이다. 18세기 『원행을묘정리의궤』의 찬품(饌品) 목록에는 '고음(膏飮)'이 나오는데 '곰'을 해당 한자가 없어서 그렇게 표기한 것이다. 그 재료는 쇠고기가 아니라 양(소의 내장), 전복, 묵은 닭, 홍합이었다. 본래 곰은 고기나 생선을 국물이 진하게 푹 삶은 것인데, 불필요한 '국, 탕'을 사족처럼 덧붙여 '곰국, 곰탕'이란 말을 쓰게 되었고, 그 곰국, 곰탕은 쇠고기를 재료로 한 음식으로 바뀌어 굳어버렸다.

> 예전의 곰탕은 선별된 부위의 쇠고기만으로 끓이는 고급 음식이었지만, 설렁탕은 잡다한 부위와 뼈를 함께 넣고 끓여서 뽀얀 국물로 고깃국의 모양과 맛을 낸 것으로서, 20세기 초에 쇠고깃국을 서민들이 값싸게 먹을 수 있게 고안한 서울 음식이다.[68] 설렁탕이란 이름은 고급 고기가 아니라 잡고기를 써서 대충 설렁설렁 끓인 값싼 음식이라는 뜻으로 붙인 것으로 짐작되며, 뼈에서 우러난 뽀얀 국물이 설렁설렁 끓어오르는 것을 묘사한 것으로 볼 수도 있다.[69]

시작하는 음력 10월에 난로회煖爐會를 했다고 한다. 화로에 숯불을 지핀 뒤 바닥이 우묵한 번철煎鐵을 얹고 기름, 간장, 파, 마늘, 고춧가루로 조미한 쇠고기를 굽거나 볶아서 먹었는데 이 모임을 난로회라고 했다. 그 모습은 김홍도의 풍속화로도 남아 있다〈그림 18〉.

한편 번철이 아니라 신선로神仙爐라는 소형 숯불화로에 쇠고기와 채소와 양념을 넣고 육수를 부어 끓여서 입을 즐겁게 한다는 열구자탕悅口子湯도 있었다〈그림 19〉.

쇠고기 구이 요리로는 얇게 굽는 너비아니와 두텁게 굽는 설리적雪裏炙이 있었다. 19세기 말 『시의전서是議全書』에 처음 보이는 너비아니는 쇠고기를 얇게 저미고 칼로 다져서 양념이 속에 잘 배게 한 뒤 구워낸 것을 말한다. 그리고 개성의 전

그림 18 김홍도의 8폭 병풍 풍속도 중 난로회를 묘사한 전체와 부분. 파리 기메 박물관 소장

그림 19 조선시대의 번철(燔鐵)과 신선로(神仙爐). 번철지름 35.5cm, 신선로 몸통지름 27.5cm. 국립민속박물관 소장.

통음식 설리적은 설야적雪夜炙, 설야멱雪夜覓, 설하적雪下炙 등 다양한 이름으로 여러 문헌에 남아 전한다.

최영년의 『해동죽지海東竹支』(1921)에서는 "소갈비나 소안심牛心을 양념한 기름장을 발라 굽다가 반쯤 익으면 찬물에 담갔다가 다시 숯불에 뜨겁게 구우면 눈 내리는 겨울밤에 좋은 안줏거리로 아주 연하고 맛있다"라고 하였다. 원문의 우심牛心을 소의 염통으로 잘못 번역한 글이 많은데 우내심牛內心, 안심육安心肉으로도 쓰는 소안심을 말한다.[68] 한편 『산림경제』나 『규합총서』에서는 두껍게 저며낸 쇠고기를 두드려 연하게 한 뒤에 꼬챙이에 꿰어 기름장에 재어 두었다가 뭉긋한 불로 굽되, 어느 정도 구워지면 물에 담갔다가 꺼내어 다시 굽기를 몇 차례 한 뒤 마지막에 기름과 양념을 발라 구우면 매우 연하고 맛이 좋다고 소개하고 있다. 결국 설리적은 쇠고기를 꼬챙이에 꿰어 굽되 몇 차례 찬물에 담갔다가 다시 구워 먹는 요리라는 것을 알 수 있다. 물에 담가서 몇 차례 나눠 굽는 것은 두툼한 살코기가 겉은 타지 않고 속까지 잘 익게 하기 위해서이다.[69]

그리고 『해동죽지』에서는 설하, 설야라는 말이 붙어 눈 내리는 겨울밤에 먹는다고 소개하고 있지만 실은 눈과는 아무런 관련이 없다. 『산림경제』에는 눈에 관한 말이 전혀 없고, 1795년에 정조가 어머니를 모시고 수원 화성에서 회갑연을 치를 때의 찬품饌品에도 몇 차례 나타나지만 그때는 양력 3월

맥적(貊炙), 설리적(雪裏炙)과 불고기

고대 중국의 기록에 맥적(貊炙)이라는 음식이 보인다. 후한 말에 편찬된 『석명(釋名)』에서는 맥적을 통째로 불에 구워 각자 칼로 베어내어 먹는 것으로서 호맥(胡貊)의 요리라 하였고, 4세기에 동진(東晉)의 『수신기(搜神記)』에서는 적(翟)의 음식이라 했다. 중국은 북방 이민족을 호(胡), 맥(貊), 적(狄), 적(翟) 등 여러 이름으로 불렀다. 그리고 적(炙)은 고기 육(肉)이 불 화(火) 위에 놓인 형상의 글자로서 불에 직접 구운 고기를 말한다. 그렇다면 맥적은 중국 북방민족이 먹었던 바비큐 비슷한 음식이 된다.

그런데 여러 글에서 맥적을 고구려의 고기구이라 하면서 불고기의 원조로 소개하고 있다. 그러나 성립되기 어려운 말이다. 맥을 특별히 고구려를 지칭하는 것으로 보기 어려운 데다가 맥적과 불고기는 고기요리라는 점 외에는 아무런 연결고리도 없다.

그런데 적(炙)은 대개 바비큐가 아니라 조선의 산적(散炙), 느름적[於音炙]이 그런 것처럼 꼬챙이에 꿰어 구운 음식으로 나타난다. 그래서 炙의 다른 형태 글자인 '爒, 䐑'에서는 글자 오른쪽 부분이 꼬치 형태를 띠고 있다. 한자 해석의 최고 권위서인 단옥재(段玉裁)의 『설문해자주(說文解字注)』에서도 번(燔)은 불에 직접 굽는 것이고, 적(炙)은 꼬챙이에 꿰어 굽는 것이며, 포(炮)는 무언가로 감싸서 굽는 것이라 했다. 그렇다면 조선시대 개성의 설리적은 중국 북방민족이 꼬챙이에 꿰어 구워 먹은 맥적에서 유래된 것일까? 그것도 뭐라 말하기 어려운 실정이다.

말, 4월 초였다. 그러면 설리, 설야라는 말은 무슨 말일까? 원시알타이어 또는 그 한 갈래인 퉁구스어에서 '실라sila, ʃila'라는 말은 꼬챙이 또는 꼬챙이에 꿰어 굽는다는 말이며,[70] '적炙'도 같은 뜻을 지니고 있다. 아주 오래전 시베리아, 만주 쪽의 쇠고기 꼬치구이 요리법이 한반도에까지 전해진 것이 아닐까 한다.

한편 말고기는 이따금 우마육牛馬肉이라는 말로 쇠고기와 함께 언급된다. 바다 건너 일본에서는 말고기를 얇게 저민 육회를 바사시馬刺し라는 이름으로 마트에서도 판매하고 있지만 현재 우리나라에서는 제주도에서나 볼 수 있다. 제주도 말은 고려 충렬왕 때 원이 일본 원정을 위해 제주도에 탐라총관부를 설치하고 군마를 기르는 목장을 운영하면서 시작되었다. 그 후로 해마다 섣달에 암말을 잡아 포를 떠서 말린 건마육乾馬肉을 한양으로 올려보냈고, 말고기는 감귤, 전복과 함께 제주도의 3대 진상품이 되었다.

세종 때는 한양에서 말고기가 쇠고기처럼 매매 허가제로 운영되어 민간에 유통되었다. 15세기 인물 정여창이 성품이 진중해서 우마육을 먹지 않았다고 하는데 그것은 다른 사람들은 말고기를 먹었다는 말이다. 그리고 16세기 『의림촬요醫林撮要』에서는 말고기를 먹으면 산달을 넘겨 난산하니 주의하라 했고, 17세기에도 우마육 매매금지령이 거론되기도 했다.

다만 말은 소나 돼지보다도 번식력이 약하고, 콩을 먹여 길러야 하므로 큰 비용이 들어 상당히 비싼 데다가 식용육으로 쓸 수 있는 부분이 다른 가축보다 훨씬 적었다. 게다가 중요한 교통수단이고 유사시 군마軍馬로 쓰이므로 마의馬醫가 별도로 있을 정도로 세심하게 관리되었다. 따라서 멀쩡한 말을 도축할 수는 없고 자사마自死馬, 즉 저절로 죽은 말의 고기를 먹어야 했다. 그래서 말고기에 관해서는 자료도 드물고 요리서에서도 언급되지 않았다. 홍만선의 『산림경제』에 말고기 요리가 보이기는 하지만 중국 요리서의 글을 소개한 것 이상은 아니었던 것 같다.

소, 말 다음으로 돼지를 언급할 차례이다. 돼지고기를 지금은 통상 돈육豚肉이라고 하고, 최근 들어 우리나라에서 생산된 돼지고기를 한돈이라고 부르기도 한다. 그렇지만 예전 문헌에는 '제육猪肉'으로 기록되어 있고 지금도 제육볶음이라는 말을 쓰고 있다. 돼지를 돈豚이라 쓰는 것이 옳을까, 저猪·豬라 쓰는 것이 옳을까?

돈은 가축 집돼지이고 저는 야생 멧돼지라는 말이 있으나 잘못된 것이다. 돈은 어린 돼지이고, 저는 큰 돼지를 말한다. 그래서 새끼돼지찜을 『소문사설』에서는 '증돈蒸㹠'이라 했고,

『규합총서』에서는 '으제兒猪찜'이라고 했다. 그리고 집돼지는 가저家猪라 하고 멧돼지는 산저山猪 또는 야저野猪라 하여, 『음식디미방』에서는 가저육과 야저육의 조리법을 따로 기록했다. 돼지를 '돈'으로 부르는 습속은 일본에서 넘어온 것으로 보인다. 그 한 예로 '돈가스'를 들 수 있는데, 포크커틀릿pork cutlet의 일본식 요리의 이름 돈카쓰豚カツ가 우리나라에 정착한 것이다.

과거에는 돼지를 많이 기르지도 않았고 돼지고기를 다른 고기보다 그다지 좋아하지도 않았다. 이수광의 『지봉유설』에서는 조선에서는 양과 돼지를 기르지 않으므로 소를 잡아먹는다고 하였고, 박제가도 『북학의北學議』에서 중국인들은 소의 도살을 금지하여 돼지고기나 양고기를 먹고도 멀쩡한데, 조선에서는 돼지고기나 양고기를 먹으면 병날까 염려하여 쇠고기만 먹고 있다고 비판하고 있다. 태종 때에는 명나라에 사신을 보냈는데, 조선 사람은 돼지고기를 먹지 않는 줄로 알고 사신에게 돼지고기 대신 쇠고기와 양고기를 대접했다고 한다.[71]

사실 토종돼지는 지금의 돼지와는 달리 야위었고 고기 맛도 덜했다 한다. 게다가 돼지고기는 건강에 좋지 않은 음식으로 알려져 있었다. 『동의보감』에서 쇠고기는 성질이 따뜻하여 비위脾胃를 보호하고 근력을 증강하는 좋은 음식으로 소개되고 있는 반면에, 돼지고기는 성질이 차가워 풍風을 유발하는 음식으로 오래 먹으면 좋지 않다고 하였다. 『규합총서』에서는 회충이 생겨 해롭고 뱃속에 벌레가 생긴다고도 하였다. 아마도 덜 익은 돼지고기를 먹었을 때 생기는 갈고리촌충을 말하는 듯하다. 심지어는 돼지고기를 먹으면 학질 후에 이질이 생기고, 치질이 재발하며 정액이 줄어든다고까지 겁을 주는 책도 있었다.

『산림경제』에서는 저육猪肉이 풍을 유발하지만 '묏돗멧돼지'의 야저육野豬肉은 풍을 유발하지 않는다고 했다. 활동량이 적어 살에 기름기가 많이 낀 집돼지 고기가 혈관에 좋지 않은 영향을 미쳐 심근경색이나 뇌졸중 같은 혈관계 질환을 유발했던 경험에서 나온 말이 아닌가 한다.

그래서인지 19세기 말에 조선 곳곳을 둘러보았던 영국의 지리학자 비숍의 견문기에서는 조선에서는 돼지 기르는 것을 보기 어렵다고 하였고, 제정러시아 재무부의 『한국지』(1900)에서도 돼지에 관한 정보가 별로 없었는지, 조선의 가축을 소개하는 가운데 소, 말, 양, 개 다음으로, 그것도 소나 말과는 비교가 안 될 정도로 아주 짤막하게 다루었다.

가축의 고기로는 개고기도 있었다. 아주 오래전에는 개고기를 먹는 풍습이 전 세계 곳곳에 존재했다. 동남아시아는 물론이고 유럽에도 적지 않은 나라들이 그러했으며, 가까운 중국에서도 『예기』에 개고기가 쇠고기, 양고기, 돼지고기와 함께 자주 거론되었고, 토사구팽兎死狗烹, 양두구육羊頭狗肉이라는 말로 흔적을 남기고 있고 그러다가 20세기에 접어들어서는 개고기를 먹지 않는 나라들이 늘어났다.

각각의 생활풍속마다 이유가 있겠지만 조선에서 개고기를 먹은 데는 이유가 있다. 조선에서 말은 군마로 쓰이고, 소는 농사에 쓰이므로 도축을 엄격히 제한했다. 개를 사냥과 목축에 써서 소중하게 여기는 문화권도 많다. 그러나 조선의 개는 소나 말처럼, 또는 서양의 개처럼 긴요한 동물이 아니었다. 알래스카의 개처럼 썰매를 끌지도 않고, 플란다스의 개처럼 우유배달을 하는 것도 아니다. 게다가 아주 오래전부터 개와 돼지는 사람이 먹는 곡식을 함께 먹는 동물로 거론되었다. '개돼지만도 못한 인간'이라는 욕설에는 하는 일 없이 곡식을 축내는 가축에 대한 마뜩잖은 감정이 배어 있다.

하는 일 없이 빈둥대는 사람의 처지를 비아냥거려 '오뉴월 개 팔자'라 했다. 음력 5·6월은 양력 6·7월로서 매우 바쁜 시기이다. 6월 초 망종에는 보리를 베자마자 모내기를 해야 하므로 '발등에 오줌쌀 만큼' 바쁘고, 본격적으로 더위가 시작되는 7월 초 소서 무렵이면 논의 김매기를 시작해야 한다. 더위에 눈코 뜰 새 없이 바쁘게 일하느라 몹시 지쳐 있는 상태에서 몸을 추스르려 해도 마땅히 먹을 것이 없으므로 바쁜 오뉴월에 한가롭게 놀고 있는 개를 잡은 것이다.

한의학 치료법에는 이열치한以熱治寒, 이한치열以寒治熱의 정치正治도 있지만 때로는 이열치열, 이한치한의 반치反治를 쓰기도 한다. 메밀은 성질이 차고 개고기는 성질이 따뜻하다. 그

정약용이 형님에게 권한 들개 고기

1801년 신유사옥으로 신지도와 장기로 유배되었던 정약전과 정약용은 조카사위 황사영의 백서(帛書) 사건으로 다시 서울로 끌려와 문초를 받은 뒤 흑산도와 강진으로 이배(移配)되었다. 귀양살이 10년이 지나 1811년 겨울에 정약용은 형님이 육고기가 귀해 전혀 먹지 못하고 있다는 소식을 듣고는 편지로 흑산도 들개[山犬] 잡는 법을 알려 주었다. 개가 머리를 들이밀 수 있을 만한 통 바닥에 미끼를 두고 네 귀퉁이 안쪽에 쇠꼬챙이를 꽂아두면 들개가 미끼를 물다가 꼬챙이에 목이 걸려 못 움직이므로 쉽게 잡을 수 있다고 하면서, 일주일에 한 마리씩, 1년이면 52마리의 고기를 먹을 수 있으니 유배지 흑산도가 하늘이 형님께 고기를 실컷 먹을 수 있도록 내려준 땅이라고 위로했다. 그리고는 박제가에게서 전해 들은 조리법을 알려 주면서 양념으로 쓰라고 참깨 한 말을 볶아서 빻은 가루를 보내주었다. 그러나 정약전은 5년 후 흑산도에서 사망했고 정약용은 그 2년 뒤에 풀려나 고향 집에서 1836년에 혼인 60주년이 되는 날 사망했다.

래서 추운 겨울에는 찬 메밀로 만든 냉면을 먹고, 한창 더운 복날에는 더운 개고기를 먹어 허한 몸에 기운을 보강했다. 그리고 여름철 보양식으로는 개장이 으뜸이지만 사정상 개고기를 먹지 못할 때 개고기 대신에 쇠고기를 쓴 것이 육개장이고, 닭고기를 쓴 것이 닭개장이다.

개고기를 쇠고기나 돼지고기를 못 먹는 서민들의 음식으로 오해하기도 하지만 그렇지 않다. 영조 때 성균관에서는 유생들에게 삼복더위에 주는 별식으로 초복에는 개장국이, 중복에는 참외 두 개가, 말복에는 수박이 나왔다고 하며, 고위 관료들이 개고기를 먹은 사례도 많고, 뇌물로 쓰였다는 기록도 있다. 1795년 정조의 어머니 혜경궁 홍씨의 회갑연 상에도 개찜이 올려졌다.

하지만 예전에도 개고기를 꺼리는 분위기가 전혀 없지는 않았던 것 같다. 옛 문헌에서 개찜은 구증狗蒸으로, 개장은 구장狗醬으로 섰는데 가장家獐으로 쓰기도 했다. 가장은 '가히쟝 개장'을 소리 나는 대로 옮긴 것인데, 개고기를 집에서 기르는 노루의 고기라고 슬쩍 포장하려는 의도가 엿보인다.

그런데 20세기에 접어들어 개고기 먹는 것을 못마땅하게 여기는 사람들이 늘어나자 1940년대에 개장국을 보신탕으로 이름을 바꾸었고, 1988년 서울올림픽을 앞두고는 외국인들이 혐오한다고 하여 다시 사철탕, 영양탕으로 바꾸었다. 이제 2027년부터는 개고기 판매가 금지된다. 인류학적 관점에서 개고기는 다양한 문화 중의 하나일 뿐이라고 항변하는 이도 많으나 이제는 외국인의 따가운 시선을 의식해서라기보다는 우리 사회 안에 개고기를 꺼리는 문화가 자리 잡은 것이다.

가축의 고기보다 야생동물의 고기

소, 말, 돼지, 닭 가운데 소와 말은 사람을 위해 하는 일이 있었다. 소는 농사일을 하고 짐을 나르기도 했다. 말은 사람을 태우고 다니고 짐을 싣고 다니거나 마차를 끌기도 했으며, 군마로 쓰였다. 그리고 암탉은 알을 낳고, 수탉은 시간을 알려주는 사신司辰 역할을 했다. 그러나 돼지는 오로지 사료를 먹고 살을 찌워서 고기를 제공하는 것 외에는 하는 일이 없었다. 투자 비용에 비해 얻는 것이 적었던 것이다. 다만 돼지는 소나 말과는 달리 새끼를 많이 낳는 덕목을 갖추었다.

말은 값비싼 콩을 먹기는 하지만 없으면 곤란한 가축이었다. 한편 소는 짚을 넣어 쑨 여물을 먹이기도 하고, 밖으로 끌고 나가 풀을 뜯어 먹게 하기도 하였다. 양이나 염소도 밖에서 풀을 뜯어 먹었다. 그렇지만 돼지에게는 어느 정도 별도의 먹을 것을 주어야 했다. 사람이 곡식을 두고 돼지와 경쟁 관계에 놓인 것이다. 경쟁을 피하려면 자신들이 먹고 남은 음식을 돼지에게 먹이면 된다. 그런데 먹을 것이 부족했던 예전에는 먹고 남길 만한 것이 거의 없었다. 그런데 잘 생각해 보면 남기는 것이 있었다. 똥이다. 그래서 뒷간에서 똥돼지를 키웠다. 제주도에서는 '통시'라고 부르는 뒷간과 연결된 똥돼지 우리는 제주도뿐 아니라 강원도 양구, 경상도 충무, 전라도 완도, 남원 등의 내륙, 해안, 섬과 지리산 일대 산악지역에도 있었고, 멀리는 일본 오키나와에도 있었다. 역사도 아주 오랜 것이다. 2천 년 전 중국 한나라에서 시신을 묻을 때 명기明器라는 자그마한 미니어처를 함께 넣었는데 그중에는 저권猪圈이라는 똥돼지 우리가 적잖이 발견된다(그림 20).

   사료를 먹여 기른 가축을 도축해서 고기를 얻는 것은 효율적인 방법이 아니었다. 그래서 고기는 대개 사냥을 통해 얻었다. 예전 기록에 보이는 돼지고기의 돼지는 대개 집돼지가 아니라 야생 멧돼지였다. 멧돼지고기도 자주 볼 수 있는 것은 아니었다. 힘세고 사나운 멧돼지를 사냥하는 것은 힘들고도 위험한 일이었기 때문이다. 그래서 궁중 잔치와 같은 특별한 차림이 아

그림 20 똥돼지 우리 모양으로 만든 후한의 명기 저권(猪圈)

니라 일반 양반, 서민들의 일상에 보이는 고기로는 돼지고기보다는 오히려 노루고기, 사슴고기가 더 자주 보인다.

닭도 생각만큼 흔한 가축은 아니었다. 고려시대에는 농우를 잡아 쇠고기를 먹는 것을 막기 위해 소 대신 닭을 길러 잡아먹으라고 권장한 일도 있었다. 닭을 기르는 집이 돼지 기르는 집보다는 많았지만, 생각했던 것만큼 많지는 않았다.

닭은 땅바닥에 기어다니는 작은 벌레들을 쪼아 먹기도 하지만 그것만으로는 모자라 별도의 사료를 주어야 했다. 『산가요록』에서도 돼지와 닭은 곡식으로 기르는 것을 명시하고 있다. 닭은 다른 가축보다는 같은 양의 고기를 생산하는 데 소요되는 사료의 양이 비교적 적었어도 식량이 절대적으로 부족한 상황에서 모이를 주는 일은 부담이 되었다. 닭 모이로 많이 쓰인 조는 북부지역에서는 주곡으로 쓰이는 중요한 곡물이었다. 그리고 주변에 독수리, 솔개, 늑대, 삵 등 닭이나 병아리를 잡아먹는 짐승들이 많아서 관리에도 신경써야 했다.

한편 오리에는 야생오리와 집오리가 있었는데 집오리를 기르기에는 시끄럽고 사료도 적잖이 들어서 닭만도 못했다.

가축이 아닌 야생 조류로는 메추라기와 참새가 있었다. 소 등에 올라앉아 "네 고기 열 점이 내 고기 한 점만 하냐?" 한다는 참새는 고기는 맛있지만 몸집이 너무 작아서 먹을 것이 별로 없었다. 작기는 메추라기도 마찬가지였다.

그래서 야생 조류의 고기로는 꿩고기가 으뜸이었다. 옛날 양반들의 일기를 보면 닭고기보다 꿩고기가 압도적으로 많이 나타난다. 궁중 잔치 기록이나 요리서를 보면 닭이 꿩과 거의 비등하게 나타나지만 그런 것들은 최상위층의 생활과 관련된 기록임을 유의할 필요가 있다.

실제 널리 알려진 음식에서도 그랬다. 냉면 육수도 꿩고기로 만들었고, 떡국에 넣는 고기도 본래는 꿩고기였다. 꿩고기는 김치에도 쓰여 앞에서도 보았듯이 생치지, 생치침채라는 김치가 있었다. 날것 그대로의 생치生雉나 말린 건치乾雉는 양반들의 선물로도 자주 쓰였고 왕의 하사품에도 등장한다〈그림 21〉.

그래서 합성어에서도 꿩이 닭 앞에 놓였다. 지방 관아에서 필요한 고기, 땔나무, 숯 등의 잡다한 물건들을 마련하기 위해 부과한 세금은 치계시탄가雉鷄柴炭價라 했고, 『규합총서』에서는 조류의 고기를 치계류雉鷄類라 했다. 꿩이 먼저였고 닭은 그다음이었다.

적당한 것이 없어 비슷한 것으로 대체할 때 '꿩 대신 닭'이

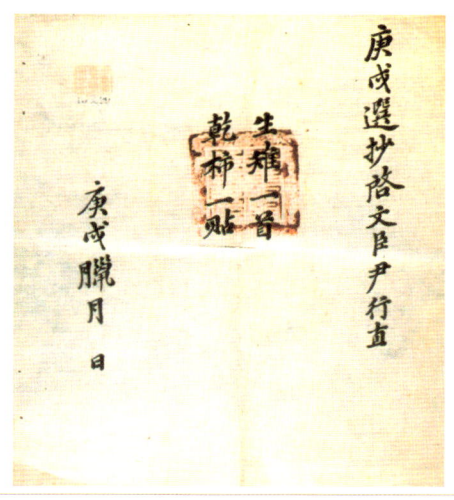

그림 21 1790년 세밑에 정조가 초계문신 윤행직에게 생치 1마리와 곶감 1접을 하사한 문서. 서울대학교도서관, 1990, 『규장각과 18세기 한국문화』, 도판 14.

라는 말을 쓴다. 그 말이 떡국에 꿩고기 대신에 닭고기를 쓴 데서 유래되었다는 말이 있으나 꼭 떡국 때문인지는 기록으로도 확인되지 않고, 떡국이 오래전부터 널리 퍼져 있던 음식도 아니었으므로 사실 여부는 불확실하다. 오희문은 평강에서 선친의 묘소에 성묘 갈 때 쓸 꿩을 구하지 못해 병아리로 대신하려다 출발 직전에 가까스로 꿩을 얻어 해결하기도 했다. 그러나 어찌 되었든 닭고기보다는 꿩고기가 더 많이 쓰였기에, 옛날 사람들은 꿩 대신 닭이라는 말을 아무런 거부감 없이 받아들였을 것이다.

지금은 꿩을 사육하기도 하지만 예전에는 물론 들판에서 꿩을 사냥해서 고기를 얻었다. 사람이 직접 총, 활이나 그물로 잡는 경우는 드물고 대개는 매를 길들여서 주로 겨울에 잡았다. 우리나라의 매사냥은 이미 삼국시대의 고분벽화로 확인되지만 널리 퍼진 것은 몽골 지배 이후로 보인다. 우리 귀에 익숙한 송골매, 보라매나 가요에 등장하는 수진이, 날진이 등의 매 이름이 모두 몽골어에서 유래된 것이고, '시치미 떼다'의 시치미도 매 주인의 이름을 적어 꽁지깃에 붙인 인식표를 말하는 몽골어이다.

매를 이용한 꿩사냥은 양반들의 놀이이기도 했지만 고기를 얻기 위한 생업활동의 하나였다. 민간에는 매를 전문적으로 훈련하여 사냥하는 봉받이라는 매사냥꾼이 있었고, 나라에서도 응방鷹坊이라는 기관을 두어 매사냥꾼 응사鷹師를 양성했다. 이문건은 경상도 성주에서 귀양살이를 하면서 많은 노력 끝에 매를 구했는데, 주변에도 매를 구하려는 양반들이 꽤 있었다. 임진왜란 당시 오희문은 맏아들 오윤겸이 강원도 평강의 현감이 되자 그곳으로 이주하여 살림이 다소 풍족해졌다. 그는 큰돈을 들여 산 몇 마리 매를 봉받이에게 보내 훈련시켜서 매가 잡은 꿩을 봉받이와 나눠 가졌다.

고기는 거의 모든 사람이 좋아한다. 선사시대 남자의 강력한 가부장권도 가족에게 고기를 가져다주는 사냥꾼의 역할을 맡았던 것에도 일부 기인했다. 하지만 고기가 식성과 기호에 맞다 하더라도 사냥이 아니라 사육으로 고기를 얻는 것은 식량을 구하는 방편으로는 효율성이 떨어졌다. 넓은 땅을 목초지로 만들어 가축을 먹이거나, 땅에 재배한 곡물로 가축을 길러 그 살코기를 먹는 것은 사람들 대다수를 기아의 위험에 빠뜨릴 우려가 있었다. 인도에서 힌두교, 자이나교가 소를 신성시한 것이 부자들이 고기 맛에 빠져들면 가난뱅이들이 굶어 죽을 처지에 놓일 것을 우려했기 때문이라는 인류학자들의 말도 있다.[72]

생선과 식해, 젓갈

🌿 어로 환경

고기 중에는 육고기 외에 물고기도 있다. 지금은 육고기보다 비싼 생선도 많지만 과거에는 생선을 육고기보다 하급 식품으로 여겼다. 중국 전국시대의 한 자객이 대신을 죽이려다 그가 높은 관직에 있으면서도 생선을 먹는 것을 보고는 감동하여 암살을 포기했다는 일화나,[73] 정약전이 흑산도에 유배되어 온갖 생선을 맛보면서도 고기를 전혀 먹지 못하고 있다고 강진에 있는 아우 정약용에게 하소연한 것도 그러한 맥락에서 나온 말이다.

예전에는 일반 백성들이 고기 먹을 기회가 적었지만 바닷가에 살지 않는다면 생선도 풍족하게 먹지는 못했다. 조선시대의 요리서에는 각종 생선 요리들이 등장하나 전근대의 요리서는 동서양을 막론하고 상류층들을 위한 것으로서 일반인들은 요리책에 나오는 음식들을 먹을 수 없었다.

작은 배를 타고 바다로 나가 물고기를 잡기는 쉽지 않았다. 그래서 얕은 대륙붕이 멀리 뻗은 서해안에서는 주로 바닥이 편평한 평저선平底船을 이용하여 육지 가까운 연안에서 물고기를 잡았다. 조선 전기에는 배의 돛도 무명천이 아니라 짚으로 만든 고범선藁帆船이 많았는데, 18세기에도 조운선이나 어선에는 이런 배가 꽤 있었던 것으로 보인다.

그물도 썩 좋지는 않았다. 칡을 가늘게 찢어낸 섬유를 꼬아서 만든 것이 대부분이었고, 때로는 삼을 쪄서 벗겨낸 껍질을 가늘게 쨴 섬유로 만들기도 했다. 1801년에 경상도 장기에 유배된 정약용이 어부들에게 질긴 무명실이나 명주실을 소나무 삶은 물에 담가서 그물을 만들면 질기고 부식되지도 않는다고 알려 주어 효험이 있었다고 한다. 그러나 20세기 중엽에 나일론이 발명되기까지 그물의 주된 재료는 여전히 칡 섬유였다. 이런 그물로는 한꺼번에 많은 고기를 잡으면 그물이 터지기 때문에 한 번 출어해서 고기를 대량으로 잡기가 어려웠다.

열악한 기술 조건만 있었던 것은 아니다. 좋은 환경도 있었다. 우리나라는 삼면이 바다로 둘러싸여 있어 당연히 물고기가 많았다. 그리고 남쪽에서 북상하는 구로시오 난류의 지류가 서해와 남해와 동해안 남쪽을 지나서 그곳에서는 조기, 고등어가 많이 잡혔고, 북에서는 리만 한류의 지류가 동해로 남하하여 대구, 청어와 명태가 많이 잡혔다. 다양한 어종의 어장이 형성된 것이다.

한편 서해에는 경사가 완만한 대륙붕이 넓게 펼쳐져 새우나 게 따위를 쉽게 구할 수 있었다. 그리고 서해는 해안선이 복잡하고 조석간만의 차이가 매우 커서 바다의 미세한 부유물들이 높은 밀물과 함께 밀려 들어왔다가 복잡한 해안선에 막혀 썰물과 함께 빠져나가지 못하고 쌓여 세계적으로 보기 드문 갯벌을 곳곳에 형성했다. 넓은 갯벌은 낙지, 망둑어나 여러 가지 조개나 게 따위의 풍부한 먹거리를 제공했다.

바다 생선

바닷물고기라 하면 흔히 '동해의 명태, 서해의 조기, 남해의 멸치'라고 한다. 그런데 바다 생선 중에는 기온과 해류의 변화

때문에 시기에 따라 부침이 있었던 것들도 적지 않다. 허균은 『도문대작』(1611)에서 청어에 대해 말하기를, 고려말에는 아주 흔해 목은 이색이 쌀 한 되에 40마리밖에 안 준다면서 세상이 어지러우니 청어마저 드물다고 개탄했는데, 16세기 중엽 명종조 이전에는 쌀 한 말에 50마리였던 것이 지금은 청어를 볼 수 없어 기이한 일이라고 하였다. 그러다가 200년 가까이 지나서 1798년, 1799년 사이에 다시 많아진 것은 이규경이 『오주연문장전산고』에서 증언하고 있다.

우리나라에서 부침이 없이 가장 많이 잡힌 생선은 조기일 것이다. 본래 한반도 주변의 해류는 난류가 지배하고 있고 난류성 어종의 대표자가 조기이다. 조기는 18세기 영조 때의 『여지도서^{輿地圖書}』를 보면 함경도와 강원도를 제외한 전국에서 잡혔고, 『자산어보^{玆山魚譜}』(1814)에서도 흑산도 주변 바다에 사는 226종의 온갖 동식물 가운데 가장 먼저 소개되었다. 1696년^{숙종 22}에 박만정이 황해도 암행어사로 파견될 때 호조에서 무명, 백미, 콩과 함께 반찬거리로 민어 3마리와 조기 3뭇^{束: 10마리}을 받았는데, 조기가 30마리나 지급된 것은 그만큼 조기가 흔했기 때문이다.

조기라는 말의 어원은 분명치 않다. 이의봉의 『고금석림^{古今釋林}』(1789)에는 사람의 기운을 돕는다고 해서 조기^{助氣}라고 했다지만 그런 이름은 거의 보기 힘들다. 일반적으로는 석수어石首魚 또는 석어石魚로 기록했는데, 드물게는 석두어石頭魚로도 기록되어 있다. 머리에 돌처럼 단단한 흰 뼈가 들어 있기 때문이다. 그 두중석頭中石 뼈를 갈아 마시면 석림石淋: 요로결석을 낫게 할 수 있다는 낭설도 있었다.

말린 조기는 굴비라 하지만, 조선시대 문헌에는 대개 건석어乾石魚로 기록되어 굴비라는 이름이 언제부터 쓰였는지는 분명치 않다. 고려 때 이자겸이 정주靜州: 영광에 유배되어 인종에게 말린 조기를 바치면서 뜻을 굽히지 않겠다는 뜻으로 '굴비屈非'라는 이름을 지었다는 말은 그럴싸한 전설일 뿐이다. 조기는 쓰임새도 많아 민어, 대구처럼 부레로 아교풀을 만들었다.

남해에서 많이 잡히는 멸치는 예전에 멸어蔑魚, 추어鯫魚 또는 행어行魚라 했고, 이 밖에도 여러 가지 이름이 있다. 가늘고 짧으면서 기름기가 많은데 먹을 만하다는 『도문대작』의 미어薇魚도 멸치가 아닌가 하지만 불확실하다. 지금 말린 멸치는 볶아서 반찬으로 쓰고, 젓갈을 담그기도 하고, 젓국을 내기도 하고, 국물을 우려내는 데 쓰기도 한다. 하지만 과거에는 멸치나 다시마로 국물을 우려내는 조리법이 없었다. 그리고 현재 경상도에서는 김치 담글 때 멸치젓국을 많이 쓰지만 예전의 멸치에 관한 기록은 오히려 전라도나 제주도 쪽에 더 많았다.

　멸치에 관한 기록은 매우 소략하다. 그 이유는 제대로 생선 취급을 하지 않는 잡어였기 때문일 가능성이 크다. 한편으로는 남해안에 늦게 나타난 어종이어서 오래전 기록에는 없었을 가능성도 있다. 1750년의 균역법 시행을 앞두고 어염세漁鹽稅 책정 예비 조사를 위해 전라도에 파견된 균세사均稅使는 베그물布網, 대그물竹網, 멸치그물滅致網과 같은 것들은 시골 노인이나 어린아이들이 소소한 잡어를 잡아 반찬거리라도 마련하려는 도구이므로 세금을 부과하지 않는 것이 좋겠다고 품의하였다.[74] 이는 멸치가 상업이익을 위해 잡는 고기가 아니라 어민들이 반찬거리나 하려고 잡던 잡어였고, 멸치 잡는 그물도 지금과는 달리 볼품없이 작았음을 말해 주고 있다. 그러나 나중에는 멸치잡이가 점점 성행하면서 멸치 그물에도 세금이 붙게 되었다.

　『세종실록』 지리지에는 함길도 예원군의 토산으로 대구, 연어 등과 함께 행어行魚가 보이지만 과연 그것이 멸치였는지는 불확실하다. 하지만 16세기 『동국여지승람』이나 18세기 『여지도서』에 제주도 토산물로 소개된 행어는 분명 멸치로 보인다. 행어는 19세기에 들어서는 김려金鑢가 경남 진해의 물고기를 소개한 『우해이어보牛海異魚譜』(1803)와 정약전이 전남

흑산도의 물고기를 다룬 『자산어보』(1814)와, 서유구가 전북 고창의 물고기를 기록한 『난호어목지蘭湖漁牧志』(1820년경)에 모두 언급되어 서해, 남해에서 중요도가 높아지고 있음을 짐작할 수 있다.

멸치는 물 밖에 나오면 바로 죽어서 부패하기 시작하므로 건조시설이 갖추어지지 않으면 대량으로 잡아도 소용이 없었지만 일제강점기부터는 건조시설을 갖춘 성능 좋은 어선과 대형 어망으로 대량으로 잡아 중요 어종으로 부각되었고, 멸치액젓 또는 제주도 멜젓의 중요한 재료가 되기도 했다.

조선시대를 시종일관하여 함경도와 강원도 동해의 찬 바다에서 잡힌 대표적인 생선은 입이 커다란 대구大口였다. 담백한 맛의 흰 살을 지닌 대구는 탕으로 끓여 먹기도 하고 여유 있는 양반가에서는 대구껍질에 버섯이나 도라지, 꿩고기를 넣고 끓여 먹는 대구껍질느르미, 대파 썬 것을 대구껍질로 감싸 말아서 초간장에 찍어 먹는 대구껍질채, 내장에 대구의 흰 살을 넣어 순대처럼 만들어 쪄먹는 어장찜魚腸蒸 등 여러 가지로 조리해 먹었다. 대구가 많이 잡힌 탓이다. 흑산도 근해의 어종을 기록한 『자산어보』에는 대구어는 없지만 소구어小口魚는 있다. 입이 작은 망상어를 가리키는 말이다.

대구와 함께 대표적인 한류성 어류가 비웃이라고 부르는,

등이 푸른 청어青魚인데 청어는 서해에서도 잡혔다. 고려시대 기록에도 보이고 어획량의 기복은 있었지만 조선시대에도 꾸준히 잡힌 물고기이다. 대규모로 떼 지어 다녀 한 번에 많은 양을 잡을 수 있고 『도문대작』의 청어 이야기에도 보이듯이 흔한 탓에 값도 쌌다. 그대로 믿기는 어렵지만 가난한 유생들을 살찌게 하는 물고기라 비유어肥儒魚라 해서 비웃이라는 별명이 붙었다는 말도 있다. 젓갈은 대개 자그마한 생선이나 새우, 조개 따위로 담그지만, 청어는 크기가 작지 않아도 흔해서 청어젓을 만들어 먹기도 했다. 그것은 조기젓도 마찬가지다. 포항 특산품으로 이름난 과메기관메기는 지금은 꽁치를 쓰지만 본래 말린 청어를 가리키는 관목어貫目魚에서 유래된 말로서, 여러 마리를 한 줄로 눈을 꿰어 넣어서 말렸기 때문에 붙여진 이름이다.

명태明太는 얼린 것은 동태凍太, 말린 것은 북어北魚, 그대로의 것은 생태生太라고 한다. 동태에 대해서는 다른 해석도 있는데 이규경의 『오주연문장전산고』에서는 봄에 잡은 것을 춘태春太라고 하고 겨울에 잡은 것을 동태冬太라고 했다고 한다.

명태는 우리 밥상에서 흔히 볼 수 있었고, 제사상이나 고사상에도 빠지지 않던 생선이었다. 하지만 15세기 『세종실록』 지리지나 16세기의 『동국여지승람』의 토산물, 공물 조항에 나오지 않으며, 16세기의 『미암일기』나 『묵재일기』에서도 볼 수가 없다. 그리고 17세기 『도문대작』에도 보이지 않는다.

허균은 명문가에 태어나 벼슬살이를 하면서 온갖 산해진미와 함께 조선에서 나는 것은 못 먹어본 것이 없다고 하였다. 그러나 바닷가 마을로 유배되어 궁한 처지에 놓여서는 도살장 문 앞에서 입을 크게 벌리고 쩝쩝거린다는 제목의 『도문대작屠門大嚼』(1611)을 지어 자조하며 자신이 먹었던 여러 음식에 관한 글로 위안을 삼았다. 그 책에서 언급된 48가지 어패류에는 대구, 청어, 고등어古刀魚, 정어리丁魚, 도루묵銀魚은 물론이고 누치訥魚, 열목어餘項魚, 오징어烏賊魚, 문어八帶魚·文魚, 굴石花, 홍합紅蛤·東海夫人, 해삼海蔘 등 어지간한 것은 모두 보이는데 정작 명태는 보이지 않는다.

명태는 17세기 중엽부터 기록에 보이지만 흔해진 것은 아마도 18세기 중엽부터가 아닌가 한다. 황윤석의 일기 『이재난고』에서는 1767년 3월에 읍내 장시에서 쇠고기와 명태어를 샀다고 하였고, 11월에는 동해에서 난다는 명란젓明太卵醢 한 보시기를 선물로 받았다고 했다. 서유구의 『난호어목지』(1820)에 따르면 함경도 동해안 곳곳에서 잡아 한겨울에서 초봄 사이에 말린 명태가 모두 원산으로 모였다가 다시 전국으로 팔려나갔다고 한다. 그래서 남쪽에서는 말린 명태를 북어北魚라고 불렀다. 하지만 최근에는 바다의 수온이 올라 이제는 동해에서는 명태를 구경할 수 없게 되고 말았다.

🌿 민물고기

요즈음 우리 밥상에 오르는 생선은 거의 바닷물고기이고 민물고기는 보기 드물다. 민물고기 요리는 대개 음식점에 가야 먹을 수 있다. 그러나 과거에는 다양한 민물고기 요리들이 널리 알려져 있었고 요리서에서도 가정에서 만드는 민물고기 요리가 많이 소개되어 있다.

과거에는 섬이나 해안 마을을 제외하고는 바다 생선을 먹을 수 있는 곳이 많지 않았다. 한양에는 바닷길로 운송된 생선이 마포, 서강에 내려져 집집마다 공급되었지만 대부분 지역에서는 그러지 못했다. 산과 골짜기가 많은 지형상의 이유로 인해 먼 곳 구석구석까지 운송이 어려웠으므로 사람들은 자기 고장에서 나는 식재료로 음식을 만들어 먹어야 했다. 등짐장수, 봇짐장수가 운반하는 생선이나 젓갈이 없지는 않았으나 소량에 그칠 수밖에 없었다. 따라서 바다 생선은 내륙까지 공급되지 못했다. 물론 안동 간고등어와 같은 예도 있기는 하다. 하지만 그것도 고등어를 배에 실어 낙동강을 거슬러 올려보내는 동안 많은 양의 소금이 뿌려져 짜디짠 것이었으며 그것도 집안 어른의 밥상에만 올리는 귀한 음식이었다.

그러므로 생선을 먹자면 바닷물고기 대신에 민물고기를 먹는 일이 많았다. 바다와는 달리 배를 타지 않고 하천에서 간단하게 베 보자기로 만든 그물로도 물고기를 잡을 수 있고, 강에 띄우는 어선도 풍랑과 파도의 위험이 없어 작은 배로도 가능했다. 그러므로 요리서에도 여러 가지 민물고기 요리가 소개되었다.

가장 많이 먹었던 민물고기는 붕어鮒魚·鯽魚와 잉어鯉魚였다. 붕어는 구이나 회로도 먹고 특히 붕어찜은 보양식으로 조선시대 요리서에도 자주 보이며, 잉어도 탕, 찜, 구이 등 여러 요리가 있었다. 그 밖에 숭어秀魚, 은구어銀口魚, 뱅어白魚, 농어鱸魚, 메기鮎魚, 가물치玄魚, 쏘가리鱖魚 등의 민물고기를 불에 굽고, 뜨거운 김으로 찌고, 탕으로 끓이고, 회를 치고, 포를 떠서 요리해 먹었다. 바다와 강이 만나는 강어귀 기수역에 살아서 엄밀히 말하자면 민물고기라고 할 수는 없지만, 웅어葦魚나 복어河豚도 인기가 있던 어종이다. 늦봄, 초여름에는 한강 하류 행주에서 사옹원에서 웅어를 잡아 궁중에 진상하였다. 다만 늦봄에 복사꽃 지기 전에 강으로 올라오는 복어는 독을 제거하는 방법을 모르면 잡아도 쓸모가 없어 버렸을 것이고 요리서에 자주 보이지도 않는다.

예전에는 그렇게 많던 민물고기 요리를 지금은 왜 음식점에서나 볼 수 있을까? 민물고기에는 특유의 흙냄새가 난다. 이 냄새를 제거하여 맛을 내는 것에는 요리 솜씨가 필요했다. 요리서에는 잘 손질해서 여러 재료를 이용하여 맛을 내는 법이 소개되어 있지만 일반 백성들이 각종 향신료나 양념을 구해 민물고기 요리를 만들어 먹기는 쉽지 않았다. 물론 그렇더라도 먹을 것이 풍족하지 않은 상황에서는 어떤 방법을 쓰든지 조리해서 먹기는 했을 것이다.

그러나 20세기에 접어들어 상황이 변했다. 가재, 게, 다슬기 등에는 예전에 폐디스토마라 부르던 폐흡충이 있어 심각한 질병을 일으킨다는 것이 알려졌고, 민물고기에는 간흡충이라는 기생충이 있다. 민물고기를 날로 회 쳐 먹다가 간흡충에 감염되면 황달, 간경화, 담관암 등의 심각한 질병으로 진전될 수도 있었다. 대한제국기, 일제강점기의 외국인들 견문기를 보면 한국 사람들은 강가나 냇가에 낚시도구와 작은 고추장 단지를 들고 나가서 물고기를 잡으면 즉석에서 통째로 고추장을 찍어 먹었다고 하며, 중국과는 달리 실제로 생선을 회로 먹는 일이 드물지 않았던 것은 몇몇 자료들이 뒷받침하고 있다. 16세기 노수신盧守愼은 물고기를 날로 먹는 풍습을 비판하면서 물고기를 회로 먹으면 뱃속에 벌레가 생긴다고 하였다.[75] 그러므로 생선회가 기생충을 유발하여 좋지 않다는 것은 어느 정도 알려져 있었으나 대다수는 이유도 모른 채 질병에 시달리다 사망했을 것이다. 그런데 20세기에 접어들어서는 민물고기를 날로 먹는 것이 위험하다는 것이 널리 알려지자 사람들은 민물고기를 기피했다. 그리고 철도가 놓이고 교통망이 점차 갖추어지면서 내륙 깊숙한 곳까지는 어렵더라도 큰 도시에는 바다 생선의 공급이 어렵지 않게 되었다. 그러므로 굳이 민물고기를 찾아 먹지 않게 되었다.

식해와 젓갈

생선에도 많이 잡히는 철이 있고 잡히지 않는 철이 있다. 그러므로 짧은 기간 동안 잡은 생선을 오래 두고 먹으려면 상하지 않도록 잘 보관해야 한다. 예전에 식품을 오래 두어도 상하지 않고 식품으로서의 가치를 유지하게 하는 데는 몇 가지 방법이 있었다. 19세기 초에 병조림, 통조림이라는 새로운 방법이 개발되기 이전에 식품을 보관하는 방법은 동서양을 막론하고 냉동, 훈연, 건조, 절임 네 가지였다.

냉동은 조선시대에도 불가능한 것은 아니었다. 조선시대와 일제강점기에도 빙고氷庫를 소유한 부호들이 없지 않았다. 하지만 시설을 갖추기도 쉽지 않고 겨울에 하천에서 얼음을 깨서 떠내고, 빙고까지 운반하는 일에도 커다란 비용이 들어서 어지간한 재력을 갖춘 사람이 아니면 엄두를 내기 어려운 일이었다. 그래서 특별한 경우가 아니면 잘 쓰이지 않았다.

다음으로 연기를 쐬는 훈연으로 훈제를 만드는 방법이다. 『음식디미방』에서는 고기에 연기를 쐬면 벌레가 나지 않는다고 하였고, 『오주연문장전산고』에 따르면 청어를 연기 나는 굴뚝에 넣어 그을린 것을 굴뚝관메기烟貫目라 했는데, 먼 서울까지 운반해도 잘 상하지 않고 비싼 값에 팔렸다고 한다.[76] 훈연법이 육류와 생선의 보관에 효과적이라는 것은 어느 정도 알고 있었던 것이다. 그러나 우리나라에서는 서양과 같이 난로나 화덕을 쓰지 않기 때문에 생선을 훈제로 만드는 법은 번거로웠으므로 거의 쓰이지 않았다.

남은 방법은 바람을 쐬어 그늘에 말리는 방법과 소금에 절이는 방법이었다. 두 방법 중에도 건조는 소금 없이 저비용으로 해결되었고 보존성도 좋아서 여러 육류와 어패류에 사용되었다. 예컨대 꿩고기나 전복은 바로 쓸 때는 생치生雉, 생복生鰒의 상태로 두지만 오래 두고 먹을 때는 말려서 건치乾雉, 건복乾鰒을 만들었다. 육류와 어패류만이 아니다. 새앙도 말리지 않은 생강生薑과 말린 건강乾薑이 있었고 건강은 약재로도 썼다. 다만 지금은 건강이 사라져 새앙을 생강이라 부르고 있다.

특히 생선은 말려두면 반찬으로 지니기 다니기에도 편해서 몇 날 며칠 동안의 여행길에 요긴하게 쓰였다. 17세기까지만 해도 주막에서 잠잘 방은 내어주지만 식사를 제공하지 않아 밥 지을 쌀과 반찬을 챙겨서 다녀야 했다. 그때 말린 조기나 청어는 크기도 적당해서 여행 중에 중요한 반찬으로 쓰였다.

절이는 방법은 말리는 방법보다는 덜 쓰였지만 그 나름의 장점이 있었다. 소금에 절이면 말리는 것보다 벌레가 덜 꾀었다. 그리고 간이 배어 짭짤한 맛이 나므로 간단한 손질로도 반찬으로 쓸 수 있었다. 생선을 말리면 껍질과 살이 단단해지고 질겨지지만 절이면 생선살의 부드러운 식감을 유지하는 데도 유리했다.

생선을 단순히 절이는 것에 그치지 않고 색다른 맛을 내면서 절이는 법도 있다. 식해食醢를 만드는 것이다. 식食은 밥을, 해醢는 젓갈을 뜻한다. 생선을 밥과 버무려 소금에 절여서 오래 보관해 두면 발효가 진행되어 독특한 시큼한 맛과 함께 감칠맛이 나는 식해가 되었다.

지금은 식해 하면 으레 명태, 가자미 같은 생선으로 만든 식해를 떠올리지만 예전에는 여러 가지 식해가 있었다. 15세기 중엽의 『산가요록』에는 돼지껍질로 만드는 저피식해猪皮食醢, 소의 위를 밥, 누룩과 함께 소금에 절여 만드는 양식해䑋醢, 꿩고기를 쌀밥, 소금과 함께 밀봉해서 따뜻한 온돌 위에 두어 만드는 생치식해生雉食醢, 육고기나 생선을 썰어서 절이고 쌀을 굵게 간 원미元米로 쑨 죽과 함께 항아리에 담아 숙성시킨 원

식해와 스시

지금 우리가 생선초밥이라고 부르는 스시(寿司)는 원천적으로는 식해와 같은 종류의 요리이다. 그 원조는 나레즈시(熟鮨)라는 것이었다. 붕어를 잡아 소금과 곡물을 함께 넣어 몇 달 동안 저장해두면 젖산발효가 되어 밥에서는 시큼한 맛이 나고 생선은 감칠맛 나는 음식이 된다. 그렇게 해서 밥과 함께 썰어 먹는 것이 나레즈시였다. 그런데 이렇게 오랜 시간에 걸쳐 음식을 만들어 먹기가 불편하므로 생선 살을 하루쯤 숙성시켜 보관해 두고 식초를 약간 가미한 시큼한 밥에 얹어 먹는 것이 스시였다. 그것이 에도시대 때부터 유행하여 지금까지 전해지는 것이다. 결국 스시의 연원을 살펴보면 가자미식해, 명태식해와 같은 종류의 붕어식해를 빨리 먹을 수 있게 만든 패스트푸드이다.

미식혜元米食醯도 있었다. 그래서 『수운잡방』이나 『음식디미방』에서는 민물고기川魚로 만든 식해를 그냥 식해라 하지 않고 어식해魚食醯라 했다. 하지만 지금은 육고기로 만든 식해는 사라지고 생선으로 만든 식해만 남아 식해라 하면 어식해를 뜻하게 되었다.

식해는 대개 보암직한 커다란 생선으로 만들었다. 커다란 생선을 토막 내어 곡물 밥과 함께 소금에 절여서 발효시켜 먹는 식해는 동아시아나 동남아시아의 벼농사를 짓는 몬순지대에 널리 퍼져 있었다. 에도시대부터 시작된 일본의 스시도 사실상 발효과정을 생략한 채 식해의 시큼한 맛을 식초로 해결한 것이다. 우리나라에서는 특히 조밥을 먹는 북쪽 함경도의 동해안 지역에서 명태, 가자미 등의 생선에 조밥을 넣고 소금에 절여 묵혀서 시큼한 맛을 내는 식해를 만들어 먹었다.

일반 생선은 굽거나 찌거나 탕으로 끓여 먹기도 하고, 식해를 만들어 먹기도 하지만, 황새기, 밴댕이蘇魚처럼 작고 볼품없는 생선이나 새우, 게, 조개, 굴 등의 어패류는 소금을 넣고 발효시켜서 젓갈을 만들어 먹었다. 그리고 커다란 생선 중에도 아주 많이 잡히는 조기, 청어와 같은 생선으로는 젓갈을 만들기도 했다. 생선이나 조갯살은 소금에 절여 2, 3개월 숙성시키면 뼈가 물러지고 살도 분해된다. 그리고 단백질은 차츰

아미노산으로 분해되어 고유의 감칠맛과 향기를 내는 젓갈로 변한다.

젓갈 국물, 즉 액젓으로도 부르는 젓국은 요리의 맛을 내는 조미료로도 썼다. 그리고 젓갈이나 젓국에 물을 조금 붓고 몇 가지 첨가물을 넣고 달여서 국물을 낸 것을 어장魚醬 또는 어간장이라고 한다. 우리나라에도 몇 가지 어장이 있었고, 동남아시아의 여러 어장 가운데 널리 알려진 것으로는 베트남의 느억 맘nuoc mam이 있다.

제8장

기근과 구황식품

만성적 기근

초근목피와 갖가지 구황식품

옥수수, 고구마의 느린 확산과
감자의 약진

만성적 기근

농업생산력이 미약했던 전근대에 기근은 일상적인 일이었고, 그 참상은 정도의 차이는 있을지언정 동서양을 막론하고 어디서나 볼 수 있었다. 유럽에 널리 퍼져 있는 늑대인간 설화나 중국의 두 발 달린 양고기 이야기도 식인에 관한 끔찍한 역사적 사실을 이야기로 꾸민 것이라는 말도 있다.

자식이 태어나도 기쁜 마음으로 받아들일 수 없었다. 사람들은 백일잔치와 돌잔치가 질병의 만연과 의료기술의 미약으로 유아사망률이 높았던 시기에 어린아이가 오랫동안 잘 버텨낸 것을 축하하기 위한 잔치라고 생각한다. 하지만 일부 인류학자들은 달리 해석하기도 한다. 즉 부모가 태어난 아이를 기를지, 죽일지 오랫동안 고민한 끝에 아이를 기르기로 결정했음을 선포하는 의식이라는 것이다.

영아살해infanticide 풍습은 전 세계에 걸쳐 있었다. 서양 중세에도 신생아를 죽이는 여러 가지 방법 중에 푹신한 침대에 엎어 놓아 질식해 죽게 만드는 방법이 가장 자주 쓰여서 목사들은 아이를 침대에 재우지 말라고 설교해야 했다.

일본에서는 에도막부 시절에 마비키間引라는 풍습이 있었다. 우리말로 옮기면 솎아내기라는 말이다. 농작물을 빽빽하게 심어 모두 제대로 자라지 못하게 되었을 때 사이사이의 농작물을 뽑아내어 남은 작물들이 잘 자라게 하는 일이다. 그와 마찬가지로 피임 기술이 개발되지 않았던 시기에 아이를 낳아 식구가 늘어나면 모두 굶어 죽게 될 것을 우려하여 남은 식구들이라도 살리고 신생아를 죽이는 풍속을 마비키라 한다. 임신 중절을 하려다가는 산모가 위험에 빠질 우려가 있기에 아이를 낳아서 죽이는 것이다. 1960년대, 1970년대 우리나라에서도 시골에서는 여자아이들을 서울이나 대도시로 보내어 식모살이를 시키거나 공장에 노동자로 취직시키면서 입 하나 줄인다고 했는데 그와 같은 맥락의 이야기이다.

입을 줄이더라도 기근은 피할 수 없다. 일본은 덴메이天明 대기근1782~1788에 냉해로 인한 흉작으로 전국적으로 100만

명 가까이 굶어 죽었다. 조선은 그런 일을 이미 100여 년 전에 두 차례나 겪었다. 현종 때 경신대기근1670~1671에는 호적에 기록된 인구가 2년 사이에 47만 명이 줄었고, 숙종 때 을병대기근1695~1699에는 5년 사이에 142만 명이 줄어들었다. 호적의 인구가 700만 명 정도였던 시절이었으니 다섯 중의 하나가 죽은 것이다. 기근 뒤에 돌림병이 덮쳤기 때문이다.

　잘 먹지 못하면 면역력이 저하되고, 면역력이 저하되면 질병에 잘 걸리므로 전염병이 돌아 수많은 사람의 목숨을 앗아갔다. 과거에 사람들의 수명이 짧았던 것은 위생환경이나 의료기술이 열악했기 때문이라기보다 영양 상태가 나빴기 때문이었다. 그래서 의서醫書에서도 사람의 모든 힘의 원천을 곡기穀氣라 했다.

　17세기 조선을 덮친 기근의 원인은 흉년이었고 흉년의 원인으로는 소빙기little ice-age가 거론된다. 당시 전 세계적으로 연평균 기온이 2도가 낮아져서 농작물이 제대로 자라지 못해 작황이 매우 나빴다. 겨우 2도로 그런 끔찍한 일이 벌어졌나 의아해할 수도 있지만 지금 전 세계가 21세기의 기온상승이 산업화 이전 대비 2도를 넘지 않도록 안간힘을 쓰고 있는 것을 보면 이해가 될 것이다.

　그러나 별난 가뭄, 수해, 냉해, 서리로 인해 농사를 망쳐 생산량이 대폭 감소한 해는 물론이고 그렇지 않은 평상시에도 사람들이 모두 배불리 먹을 수 있는 식량은 생산되지 않았다. 식량부족과 굶주림은 일상적인 일이었다.

1788년^{정조 12}에 편찬한 『탁지지』에서는 이렇게 말하고 있다. 사람이 하루에 쌀 한 되를 먹으면 1년에 36말이 되는데, 이를 벼로 환산하면 90말, 즉 6섬이다. 그리고 호적에 등재된 호구가 733만 명이라지만 탈루된 호구를 감안하면 1천만 명으로 추산된다. 따라서 1천만 명의 1년 식량으로는 6,000만 섬이 필요하다.

한편 묵혀 두지 않고 경작하는 전국의 기경전起耕田은 90만 결로 논이 40만 결, 밭이 50만 결인데, 1결당 수확량을 논 80섬, 밭 50섬으로 계산하면 논에서의 소출은 3,200만 섬, 밭에서는 2,500만 섬으로 모두 5,700만 섬이 된다.

양식으로 필요한 곡식이 6,000만 섬인데 5,700만 섬이 생산되니 300만 섬이 모자라는 것이다. 게다가 곡식으로는 밥만 해 먹는 것이 아니라 떡이나 술을 빚기도 하고, 밭에서는 밥 지을 곡식만이 아니라 채소, 목화, 삼, 담배도 재배하므로 식량은 훨씬 더 부족하게 된다. 『탁지지』를 편찬한 호조 좌랑 박일원의 결론은 이런 상황에서는 백성이 굶주리지 않을 수 없으니 대변통大變通, 대경장大更張, 즉 무언가 획기적인 변화

와 혁신이 필요하다는 것이었다.[77]

　이 상황에서는 모든 사람이 1년 내내 양식을 이어가기 어렵다. 따라서 형편이 어려운 사람들은 양식이 떨어져 가기 시작하면 밀기울이나 잡곡 가루로 멀건 죽을 쑤어 먹거나, 논두렁에서 흔히 볼 수 있는 비름, 쑥 따위를 뜯어다가 곡식 가루를 버무려 쪄서 먹었고, 급기야 5월에 보릿고개가 시작되면 초근목피로 버텨야 했다. 그러다가 남부지역에서는 6월 중순쯤 되면 가을보리가 익으므로 추수하는 9월까지 보리로 양식을 이을 수 있었고, 북부지역에서는 밀, 메밀 등 여러 가지 잡곡을 먹으며 지냈다.

초근목피와 갖가지 구황식품

식량이 부족하면 논밭에서 생산되는 쌀, 조, 보리와 같은 곡물 외에 다른 것을 먹어야 한다. 주변에 있는 것 가운데 더덕, 도라지, 마, 토란, 칡 등의 뿌리와 비름, 콩잎, 쑥과 같은 이파리와 밤, 도토리, 개암, 대추, 잣, 고욤, 오디 등의 열매 등 독성이 없는 것이라면 무엇이든 찾아서 먹었다.

특히 도토리는 중요한 구황식품이었다. 그냥 먹으면 떫고 쓰지만 물에 며칠 담가두면 탄닌 성분이 빠져나가 먹을 수 있게 된다. 이를 말리고 빻아서 가루를 만들면 곡식에 섞어 먹을 수 있고, 물을 부어 반죽하고 가열해서 떡이나 빵처럼 만들어 먹을 수도 있었다. 물론 물을 조금씩 섞으면서 갈아서 바닥에 가라앉은 앙금을 건져내서 말린 전분 가루로 묵을 쑤어 먹는 방법도 있었다. 그래서 우리나라 창녕 비봉리, 서울 암사동 등 여러 신석기 유적에는 도토리를 보관했던 저장공貯藏孔이 발견된다.[78]

바닷가 마을에서는 다시마, 참가사리, 우뭇가사리 등의 해조류도 먹었고 조개, 소라, 고둥도 먹었으며 농촌에서는 개구리, 메뚜기도 잡아먹었다. 그런데 이런 것들을 늘 대량으로 얻기는 어려웠다.

그러므로 주변에 흔히 볼 수 있는 소나무에서 솔잎을 따고, 송기松肌라고 하는 속껍질을 벗겨 먹었다. 양식이 떨어질 때면 봄에 물이 오른 소나무 속껍질을 벗겨서 쪄 먹거나, 아니면 물에 불리고 삶아서 말린 후에 빻아서 가루를 만들어 곡식 가루에 섞어 먹었다. 이런 방법으로 소나무 외에 느릅나무 속껍질도 먹었다. 그리고 솔잎은 그냥 씹어 먹는 것이 아니라, 찧어서 즙을 빼낸 덩어리를 말린 다음에 빻아서 가루로 만들어 곡식 가루에 섞어서 죽을 쑤어 먹었다.[79] 시험 삼아 먹어본 사람의 경험담을 들어보면 맛이 형편없어서 다시 먹기 어려웠다 한다.

솔잎이나 송기처럼 섬유질이 많은 식품은 쉽게 소화되지 않아 배가 더부룩한 느낌이 오래 가서 허기를 진정시키는 데는 효과가 있었다. 하지만 이렇게 섬유질이 많은 것을 계속 먹으면 장에서 수분이 흡수된 뒤에 변이 단단하게 굳어서 변비에 걸렸다. 찢어지게 가난하다는 말은 그래서 생긴 말이다. 이럴 때는 배변이 원활하도록 콩가루를 먹거나 느릅나무 속껍질 삶은 물이나 즙을 마셨다.

수리시설이 지금과 비교해 상당히 열악했던 예전에는 가뭄과 이상 기온은 대응하기 어려운 재난이었다. 주곡 작물이 가뭄, 수해, 냉해로 인해 때맞추어 싹이 트고 자라지 못하면 한 해 내내 굶주려야 했다. 그래서 주곡 작물의 재배가 가망이 없다고 판단되면 재빨리 다른 작물을 심어서 식량문제를 해결했다.

벼를 비롯하여 보리, 밀, 조 등은 생육기간이 길기에 심어서 거둘 때까지 오랜 시간이 걸린다. 게다가 개별적인 차이는 있지만 대체로 기온, 강수량, 일조량 등의 재배 조건이 충족되어야 하는 까다로운 작물들이다. 그래서 혹독한 가뭄이나 홍수, 냉해와 같은 재난이 닥치면 거친 조건에서도 잘 살고 생육 기간도 짧은 대체 작물을 심어서 식량난을 해결했다. 그런 작물이 구황작물이다.

조선시대의 대표적인 구황작물로는 교맥蕎麥, 목맥木麥이라 하는 메밀이 있었다. 메밀은 씨앗뿐 아니라 줄기와 잎도 먹을 수 있고, 껍질은 푹신하고 두풍頭風을 막는다 하여 베갯속으로 쓰기도 했다. 벼, 보리, 밀, 기장, 수수, 피, 귀리, 조 등 우리가 잘 아는 곡물은 물론이고 옥수수와 율무도 벼과 식물인데 메밀만 마디풀과 식물이다. 그런데 대체로 사람 손이 닿은 재배종 작물은 병에 잘 걸리고 까탈스러워 손이 많이 가지만 메밀은 야생성이 강해서 서늘한 기온의 메마른 땅에서도 잘 자란다. 그래서 주로 들이 좁은 산간지대에서 많이 재배했다.

'메밀'은 산에서 나는 밀이라는 말이고, 표준말에서 탈락한 '모밀'은 모난 밀이라는 말이다. 모밀은 네 모퉁이가 뾰족하게 모가 난 정사면체 형태라서 아무 데나 던져도 흙바닥에 꽂혀서 잘 자란다는 우스갯소리도 있었다〈그림 22〉.

생육 기간도 두세 달 정도로 아주 짧아서 심은 지 얼마 지나지 않아 거둬서 먹을 수 있었으므로 6월 초 망종芒種 무렵까

그림 22 메밀

지 비가 내리지 않아 벼농사에 가망이 없다고 판단되면 모를 뽑아 버리고 그 자리에 메밀을 심었다. 1798년에 정조는 경기도 화성이 오래도록 가물었다가 비가 내리자 나중에 심어 먼저 익는 메밀을 심으면 서리가 내리기 전에 거둬서 먹을 수 있으니 서쪽의 토란이나 남쪽의 고구마보다도 낫다고 하면서 벼 대신에 메밀을 심을 것을 권했다.[80]

이효석의 「메밀꽃 필 무렵」에서 '산허리는 온통 메밀밭이어서 피기 시작한 꽃이 소금을 뿌린 듯이 흐뭇한 달빛에 숨이 막힐 지경'으로 묘사된 강원도 평창의 메밀밭 모습은 허생원에게 젊은 시절 한 처녀와의 애틋한 사랑을 떠오르게 한 아름다운 정경이지만, 하얀 메밀꽃으로 뒤덮인 남도의 논은 배고픔과 고난의 트라우마를 일으키는 서글픈 풍경이었다.

메밀은 쌀에 섞어 메밀밥을 지어 먹기도 했지만 대개 국수로 만들어 먹었다. 일본에서는 메밀도 소바蕎麥라 하고 메밀국수도 소바라고 한다. 지금은 교토 일대 간사이關西의 우동과 대비되어 도쿄 일대 간토關東의 소바가 유명하지만, 본래 소바는 일본에서도 가뭄 피해가 클 때 급하게 씨 뿌려 서둘러 거둬들여 먹었던 구황작물이고 기근식품이었다.

옥수수, 고구마의 느린 확산과 감자의 약진

15세기 말에 발견된 아메리카 신대륙에는 유럽이나 아시아에는 없는 감자, 고구마, 옥수수, 땅콩, 강낭콩, 호박, 토마토, 고추, 담배와 같은 작물들이 있었다. 중남미를 원산지로 하는 이것들은 품종에 따라, 지역에 따라 유럽에 서서히, 때로는 급속하게 퍼졌고, 이어서 동남아시아, 중국, 일본으로 전해졌으며 조선에는 상대적으로 늦은 16세기 말부터 하나씩 유입되기 시작했다. 그 가운데 구황작물로 주목되는 것은 옥수수, 고구마와 감자이다. 17세기에는 옥수수가, 18세기에는 고구마가, 19세기에는 감자가 차례대로 들어왔다.

옥수수는 수수蜀黍와 비슷하게 생겼으면서 알갱이가 크고

탱글탱글하여 옥촉서玉蜀黍라고 썼다. 그런데 1527년의 『훈몽자회』에서는 율무薏苡를 지금 항간에 옥촉서라고 부른다고 하였다. 그래서 옥수수가 이미 오래전에 도입되었다는 주장도 있지만, 이때의 옥촉서는 그저 율무의 별칭이었다. 그러나 1690년에 간행된 중국어 단어 학습서 『역어유해譯語類解』에서는 중국의 옥촉촉玉蜀黍을 '옥슈슈'로 풀이하여 옥수수라는 말이 처음으로 보인다. 『역어유해』에서 중국에는 있는 사물이 조선에는 없는 경우에는 중국 한자와 중국어 발음만 적고 우리말 이름은 비워두는데, 옥촉촉의 경우에는 '옥슈슈'라는 말이 함께 적혀 있으므로 조선에 옥수수가 있었다고 보는 것이 옳다.

한편 이익이 1720년경부터 쓰기 시작하여 1760년경에 간행한 『성호사설』에서는 『역어유해』의 옥촉촉에 대해 줄기와 잎은 수수처럼 생겼으나 곡식은 아니라고 하면서, 잎 사이에 생겨난 뿔에 꾸러미가 있고 수염 달린 꾸러미 안에는 구슬 같은 열매가 있는데 맛이 달아서 먹을 만하므로 사람들이 밭의 울타리에 많이 심었다고 상세한 설명을 달았다. 분명히 옥수수이다.

옥수수는 일반적인 곡물과는 달리 껍질을 벗기는 복잡하고 힘든 과정을 거치지 않고 그대로 삶거나 구워서 먹을 수도 있

표 4 1911년의 옥수수 생산량과 도별 비율 (단위: 톤) 『조선총독부통계연보』

경기	충북	충남	전북	전남	경북	경남
144	37	69	66	34	54	257
0.3%	0.1%	0.1%	0.1%	0.1%	0.1%	0.5%
황해	평남	평북	강원	함남	함북	합계
1,083	4,118	23,789	4,126	16,842	3,302	53,924
2.0%	7.6%	44.1%	7.7%	31.2%	6.1%	100%

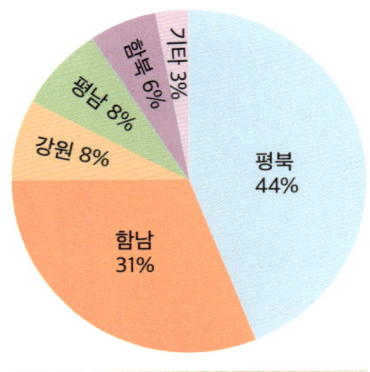

그림23 옥수수 생산량의 도별 비중(1911년)

었다. 그리고 메마른 땅의 척박한 환경에서도 잘 자라고 노동력이 많이 필요하지도 않았다. 그러나 지력을 과다하게 소비하는 작물이라서 주곡으로 삼기에는 문제가 있었고, 영양소가 균형 있게 갖추어지지 않아 옥수수만 먹으면 펠라그라에 걸릴 위험이 있었다. 그래서인지 정확한 이유는 모르겠으나 기록에 구황작물로 언급되는 것을 보기 힘들다. 생산량의 지역적 편차도 컸다. 1911년의 통계를 보면 평안북도와 함경남도의 생산량이 전체의 3/4을 차지했고, 나머지 강원도, 평안남도, 함경북도의 생산량을 모두 합해도 1/5을 약간 넘을 정도였다〈표 4〉, 〈그림 23〉. 옥수수는 분명 북부지역의 작물이었다.

『훈몽자회』에서 옥수수와 혼동을 일으킨 율무는 응이薏苡라고 했다. 율무로는 율무밥을 지어먹기도 했지만, 죽의 재료로 많이 쓰여서 '수수응이, 갈분葛粉응이'처럼 응이가 죽을 뜻하는 말로 쓰였다. 그런데 생김새가 율무와 흡사한 옥수수의 재배가 점차 확산되면서 율무는 곡물로서의 자리를 옥수수에게 내어주게 되었고 지금은 율무차의 원료로 남아 있다.

한편 고구마는 15세기 말에 아메리카 대륙에서 스페인으로 건너가 유럽 각국으로 퍼졌으나 열대작물이므로 재배가 쉽지 않아 널리 보급되지는 않았다. 그러다가 1593년에 베트남, 필리핀을 통해 중국 남부 복건福建으로 전파되고, 유구국오키나와을 거쳐 1615년에 일본 규슈의 사쓰마薩摩에 들어왔다. 그 후 100년이 지난 1715년에야 대마도에 전해졌다. 대마도는 상당히 넓은 섬이지만 높은 산이 대부분이고 평지가 별로 없는 척박한 환경 탓에 항상 식량부족에 시달리고 있었다. 조선과의 오랜 협상 끝에 동래를 통해 해마다 공작미公作米라는 명목의 쌀을 가져갔으나 그것만으로는 식량이 해결될 리가 없었다. 그래서 토란芋을 먹고 사는 주민들이 많았다. 일본에 파견된 통신사들은 중간 기착지인 대마도에서, 힘겹게 가마를 메고 가던 일본인들이 잠시 쉬는 동안 토란 몇 알로 끼니를 때우는 모습을 안쓰럽게 보았다. 그런데 토란과 비슷하게 생긴 고구마가 전해지자 중요한 식량 자원으로 환영받아 곧 섬 전체에 퍼졌다.

1763년영조 39에 통신사로 파견된 조엄은 에도江戶로 향하는 도중에 대마도에서 고구마를 보았다. 조엄은 사람을 시켜 고구마를 부산진으로 보내 종자를 받도록 지시했고 돌아가는 길에도 고구마를 얻어 갔다. 그런데 대마도에서는 새로이 들여와 널리 퍼진 이 작물을 굶주린 부모에게 효도하는 토란이라 하여 '고코이모孝行芋·孝子麻'라고 불렀는데 그 대마도 방언이 조선에 전해져서 지금의 '고구마'가 된 것이다.

조엄이 가져온 고구마는 저장법과 재배법에 관한 정보가 어두워 조선 땅에 제대로 뿌리를 내리지 못했다. 조엄이 일본을 다녀온 지 2, 3년이 지나서 동래부사 강필리는 왜관을 통해 고구마를 입수하여 시험 재배에 성공하였고, 이후 고구마 재배법에 관한 정보를 『감저보甘藷譜』라는 책으로 남겼다. 사실 조엄과 강필리가 고구마에 큰 관심을 보인 것은 그 전에 이광려, 강계현 등이 중국 복건에서 가뭄으로 인한 대기근을 극복하는 데 고구마가 크게 기여했다는 소식을 듣고서 중요한 식량자원으로 주목하여 고구마에 관한 정보를 강필리를

감자와 고구마의 이름

감자는 토란처럼 땅속의 덩이줄기이고 고구마는 뿌리이다. 초기 고구마의 이름은 '단 마'라는 뜻의 감저(甘藷)였다. 일본으로는 사쓰마로 들어와 전국에 퍼져서 대체로 사쓰마이모(薩摩芋)라 부르는데 대마도에는 이를 고코이모(孝行芋)라 불렀다. 조선에서는 공식기록에는 주로 '감져[甘藷]'로 쓰고 민간에서 부르는 이름으로는 대마도 방언에 따라 '고귀위마(古貴爲麻), 고금아(古今兒), 고금이(古今伊)' 등으로 기록되어 있다. 그러다가 나중에 전해진 감자는 북감저(北甘藷)라는 이름으로 따로 불렀으나 도중에 혼란이 생겨 감저는 고구마가 되고 북쪽에서 내려온 북감저는 감자가 되었다. 한 지역에서 둘이 모두 재배되었다면 그런 혼란이 생기지 않았겠지만 고구마는 남쪽 끝에서, 감자는 북쪽 끝에서 서로 따로 재배되어 그런 일이 발생했다. 1815년경의 『규합총서』에서는 고구마로 만든 떡을 '남방감저병(南方甘藷餠)'이라고 했다. 그러나 100년이 흐른 뒤 1924년의 『조선신식무쌍요리제법(朝鮮新式無雙料理製法)』에서는 감자떡[甘藷餠]을 둥근 북감자로 만든다고 하였으므로 '감자'가 감자(potato)의 이름으로 굳어졌음을 확인할 수 있다. 그 요리책에서 단맛이 나며 날로 먹고, 쪄 먹고, 삶아 먹고, 구워 먹는다고 한 남감자는 분명 고구마이다.

비롯한 여러 사람에게 퍼뜨렸기 때문이었다.

재배에 성공한 고구마는 전라도와 경상도의 남해안 여러 고을로 확산되었다. 그러나 고구마의 보급은 예상보다 매우 더디게 진행되었고 일부 지역에서는 중단되기도 했다. 사람들은 처음 보는 신기한 작물을 달고 맛있는 별식으로 생각했지 흉년을 넘기기 위한 구황작물로는 인식하지 못했고 그 때문에 종자도 남기지 않고 다 먹어 없애버리는 일도 있었다. 고구마가 전해진 지 약 30년이 흐른 뒤 1794년 10월에 전라도 강진, 해남, 진도, 제주도 등 바닷가 고을에 흉년이 들어 굶주린 백성들을 진휼할 곡식을 싣고 위유사慰諭使로 파견되었던 서영보의 보고에 따르면 그때까지도 사람들은 고구마를 구황작물로 잘 활용하고 있지 않았다. 처음에는 앞다투어 고구마를 심었지만 관에서 눈독을 들여서 세금을 매겨 바치게 하거나 개인적으로 수탈하는 일이 계속되자 거의 재배를 포기했다 한다.

감자는 구황작물로서 가장 큰 역할을 했다. 감자가 아메리카 대륙에서 유럽에 전해지던 초기에는 별로 인기가 없었다. 감자는 씨눈의 독소도 문제였고 맛이 고구마처럼 달지도 않고 밋밋하여 오히려 꽃을 구경하기 위한 관상식물로 여기기도 했다. 그러나 저온에서도, 가뭄에도 잘 자라고 생육 기간도 짧아서 곧 빈민들의 중요한 식량자원이 되었고 특히 독일과 아일랜드에서 큰 효과를 거두었다. 그러나 감자의 커다란 능력에는 부작용도 있었다. 19세기 아일랜드 빈민들은 오로지 감자에 의지해 살고 있었는데 감자가 병들어서 대기근[1845~1852]이 발생하자 인구 800만 명 가운데 100만 명이 굶어 죽었고 100만 명은 다른 나라로 이주했다.

한편 조선에는 고구마보다 상당히 늦은 19세기 전반기에 청나라를 통해 함경북도에 전해졌다. 땅속에서 캐내면 말방울 모양으로 주렁주렁 달려 있다 해서 한자로는 馬鈴薯[마령서]로 표기했다. 그런데 일반 농민들에게는 이 이름이 익숙지 않았으므로, 예전부터 땅속에 묻혀 있는 덩어리를 캐내어 먹는 감저[고구마]라는 작물과 비슷하다 하여 북감저北甘藷 또는 북저北藷라 했지만 그런 이름은 널리 퍼지지 않고 감저라는 이름이 더 많이 쓰였다. 그러다 보니 본래 고구마의 이름이었던 감저가 감자의 이름으로 옮겨 왔다.

춥고 건조한 고산지대에서도 잘 자라는 감자는 함경도 지역에 널리 퍼졌다. 그리고 1832년에는 독일의 개신교 선교사 카를 귀츨라프[Karl Gützlaff]가 충청도 서해안에 들어올 때 중국의 감자를 가져왔는데, 그 감자는 봄에 심어 석 달쯤 지난 6월 하순 하지쯤에 수확한다 해서 하지감자라 불렀다.

표 5 1911년의 고구마와 감자 생산량과 도별 비율 (단위: 톤) 『조선총독부통계연보』

	경기	충북	충남	전북	전남	경북	경남
고구마	141	60	238	192	2,046	246	1,605
	3.1%	1.8%	5.2%	4.2%	44.3%	5.3%	34.8%
감자	171	655	184	173	54	369	791
	0.2%	0.8%	0.2%	0.2%	0.1%	0.4%	0.9%
	황해	평남	평북	강원	함남	함북	합계
고구마	19	66	4	3	0	0	4,617
	0.4%	1.4%	0.1%	0.1%	0%	0%	100%
감자	35	939	2,797	10,358	48,931	20,392	85,849
	0%	1.1%	3.3%	12.1%	57.0%	23.8%	100%

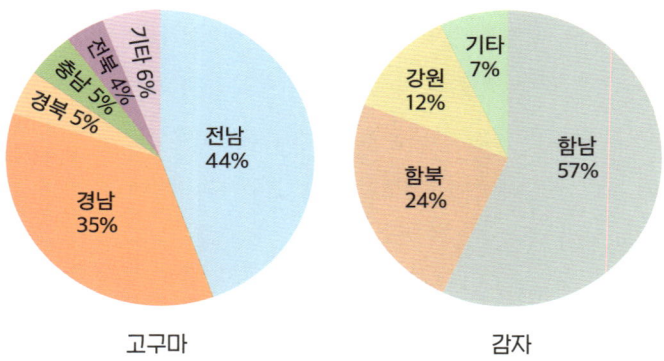

그림 24 고구마와 감자 생산량의 도별 비율

고구마는 주로 따뜻한 남쪽 바닷가 고을에서 많이 재배했지만 감자는 추운 북쪽 산간지역에서 많이 재배했다. 고구마보다 늦게 들어온 감자는 곧 고구마를 제치고 빠른 속도로 북쪽에서 퍼졌고 특히 함경도에 압도적으로 많이 재배되었다.

고구마와 감자가 차지하는 비중을 현재 남아 있는 『조선총독부통계연보』 1911년의 통계수치로 확인해 보면 당시 고구마의 생산량은 4,617톤이었고 감자는 85,849톤이었다. 고구마 생산량은 감자 생산량의 20분의 1 정도에 불과했고⟨표 5⟩, 옥수수와 비교해 보더라도 12분의 1 수준이었다. 감자가 거둔 커다란 성공에, 그리고 고구마의 예상 밖의 저조에 놀라게 된다.

그리고 이 작물들도 옥수수처럼 지역적 편중이 매우 심했다. 고구마는 전남과 경남의 생산량이 약 80%, 그리고 경북, 충남, 전북의 생산량이 약 15%로 완연히 남쪽에 치우쳐 있다. 그리고 감자는 북부지역의 작물임이 확연했다. 함경남도와 북도의 생산량이 약 80%를 차지했고, 강원도의 생산량이 12%이며 나머지 도의 생산량은 모두 합해도 7%에 불과했다⟨그림 24⟩. 함경도에서 감자 전분을 이용한 농마국수, 즉 함흥냉면이 생겨난 것도 그런 이유 때문이다.

제9장

술

달라진 술 문화

흐린 탁주와 맑은 청주

아랭이술 소주

금주령

달라진 술 문화

우리 민족은 아주 오래전부터 여럿이 어울려서 술 마시고 노는 것을 좋아했다.

『후한서』에서는 열전列傳에 1세기부터 3세기까지의 동이東夷, 서강西羌, 남만南蠻, 서남이西南夷, 서역西域, 남흉노南匈奴, 오환烏桓, 선비鮮卑 등 중국 변방 민족들을 총망라하여 그들의 역사와 풍속에 관한 기록을 남겼다. 그중에 술과 음주 풍속에 관한 기록으로는 동이를 제외하면 서역의 소그드Sogd: 粟弋에 포도가 많이 나서 포도주가 유명하다는 것밖에 없다. 그리고 동이 안에서도 왜倭에 대해서는 '사람들이 술을 좋아한다人性嗜酒'는 네 글자로 끝이다.

그런데 우리 민족의 음주 풍속에 관한 기록은 상당히 풍부하다. 북쪽 예濊에서는 무천舞天이라는 10월의 제천 행사에 밤낮으로 술 마시고 춤추고 노래하였고, 남쪽 진한에서도 음주가무를 즐겼으며, 마한에서는 농사를 시작하고 마치는 5월과 10월에 귀신에 제사를 지내면서 밤낮으로 술자리를 벌이고 수십 명이 떼로 모여 발을 구르며 춤추고 노래했다고 한다. 술은 혼령과 소통하는 중요한 수단으로서 중요한 의례에는 반드시 있어야 하며, 축제에서 기분을 고양하고 흥을 북돋는 것으로는 술만 한 것이 없다.

조선시대에 예법의 표준서였던 『주자가례朱子家禮』에서는 차례茶禮 때 이름 그대로 차를 올리라고 하였지만 우리는 익숙지 않은 중국 예법을 무시하고 차례상에도 차 대신에 술을 올렸다.

술은 꼭 특별한 때 마시는 것이 아니라 일상의 음료였다. 양반들은 집에 손님이 찾아오면 차가 아니라 술을 대접하였다. 많으면 서너 잔도 마셨지만 대개 한두 잔 정도로 끝냈으니 술판을 벌인 것이 아니라 그야말로 차를 대신한 음료로 마신 것이다.

농사일로 불러모은 일꾼들에게 사정상 밥을 지어 낮참을 제공하지 못할 때는 막걸리로 대신하기도 했다. 술은 단순한 기호 음료가 아니라 영양과 칼로리를 섭취하기 위한 음식과 거의 대등하게 취급되었다. 그래서 15세기의 농서『금양잡록衿陽雜錄』에서는 김매러 호미질 나갈 때는 술 단지를 잊지 말라고 하였다. 그만큼 술은 우리의 일상에 깊숙이 스며들어 있었다.

   조선시대의 술은 200여 종에 이르렀을 것으로 짐작될 만큼 매우 다양했다. 몇몇 요리서를 보더라도 술에 관한 부분이 상당히 많은 분량을 차지하고 있는데, 17세기의『음식디미방』에는 49가지 술이 소개되어 있고, 19세기의『주찬』에는 무려 79가지 술 만드는 법이 실려 있다. 문헌에 이름과 제조법을 남긴 술에는 지금은 보기 힘든 별별 술들이 다 있었다. 호두술胡桃酒, 도토리술橡實酒, 잣술栢子酒에 쑥술 애주艾酒가 있었고, 껍질 벗긴 복숭아씨를 갈아 넣어 담근 도인주桃仁酒, 창포 뿌리를 잘게 썰어 말린 것을 청주에 담가 만든 창포주菖蒲酒, 들깨를 볶아서 빻은 가루를 청주에 넣어 만든 소자주蘇子酒도 있었다. 순무를 얇게 썰어 물을 붓고 졸여서, 순무 졸인 물에 찹쌀밥과 누룩을 섞어 발효시킨 다음 용수를 박아 떠낸 청주菁酒는 토혈이나 하혈에 좋은 약으로 소개되기도 했다.

   그러던 중 20세기에 이르러 일본의 지배를 받게 된 후로는 술에도 시련이 닥쳤다. 1909년에 주세법을 제정하여 술 제조에 세금을 부과하고, 1916년에는 주세령을 공포하여 마침내 양조 허가를 받은 사람 외에는 술을 만들지 못하게 하였다. 그때부터 가정에서 술을 만들어 마시는 것은 금지되고 가혹한 밀주 단속이 시작되어 누구나 양조장에서 만든 술을 사서 마셔야만 했다. 그 결과 획일화된 몇몇 술만이 남아 다양하고 풍성했던 술 문화는 사라지고 말았다.

흐린 탁주와 맑은 청주

예전 우리나라의 술은 크게 보아 탁주, 청주, 소주 세 가지로 나눌 수 있다. 글자 그대로 탁주濁酒는 뿌옇게 흐린 술이고 청주淸酒는 맑은 술이고 소주燒酒는 불을 때서 고아 내린 술이다.

이 셋 중에 서민들이 즐겨 마신 술은 물론 탁주였다. 12세기의 『고려도경』에는 "고려 사람들은 술을 즐기지만 좋은 술을 얻기는 어렵다. 서민들이 집에서 마시는 술은 맛이 싱겁고 빛깔이 진한데 아무렇지 않게 마시면서 모두 맛있게 여긴다"라고 하였다. 이를 보면 아주 오래전부터 알코올 도수가 낮은 양조주로 탁주가 널리 퍼져 있었음을 알 수 있다. 탁주는 대개 희뿌연 빛깔을 띠어서 백주白酒라는 이름으로도 불렸다.

탁주에는 이화주梨花酒, 합주合酒, 감주甘酒 등 여러 가지가 있지만 대표적인 술은 역시 막걸리이다. 막걸리라는 이름은 청주처럼 맑게 고인 것을 떠낸 것이 아니라 마구 걸러낸 술이라는 뜻으로 붙인 것으로 짐작된다. 18세기 학자 황윤석의 『이재난고』에 '白濁酒백탁주' 옆에 한글로 '막걸리'가 적혀 있는 것으로 보아, 막걸리라는 말은 유래가 꽤 오랜 것으로 보인다.

탁주를 만들려면 우선 누룩이 필요하다. 누룩을 만드는 곡물로는 밀, 보리, 쌀, 콩, 녹두가 쓰였는데, 일본에서는 쌀을 많이 쓰고 우리나라는 주로 밀을 썼다.

'밀을 빻은 가루'에 물을 섞어 반죽해서 천으로 감싸 사각 또는 원형의 누룩틀에 넣고 발로 꾹꾹 밟은 다음 틀에서 빼내면 모양 잡힌 누룩이 만들어진다. 그냥 밀가루라 하지 않고 '밀을 빻은 가루'라고 한 것에는 이유가 있다. 밀 알갱이를 빻아서 가루로 만든 뒤 고운 체로 쳐내면 노란 찌꺼기가 남는데 그것이 밀의 껍질인 밀기울이다. 그런데 우리나라에서는 대개 밀가루와 밀기울을 분리하지 않고 섞인 상태 그대로 만든 막누룩을 썼으므로 밀을 빻은 가루로 표현한 것이다. 여하튼 그 누룩을 따뜻한 데 두어 띄우면 누룩곰팡이가 하얗게 피어난다. 누룩이 다 띄워지면 빻아서 가루를 만든 다음 쌀을 쪄서 꼬들꼬들하게 지은 지에밥을 넓게 펼쳐 식힌 후에 누룩 가루를 섞어 버무려서 술밑酒母·酒本을 만든다. 이 술밑을 항아리에 넣고 따뜻한 물을 부어 일정 기간 따뜻한 온도를 유지하면 항아리 안에서 꼬르륵거리는 소리와 함께 발효가 진행되면서 술이 익는다. 다 익은 술을 항아리에서 덜어내어서 물을 조금씩 부으면서 체로 걸러 낸 것이 바로 탁주이다. 그리고 탁주에서 윗부분의 청주를 떠내고 남은 것을 걸러낸 것을 막걸리라 하며, 때로는 탁주 자체를 막걸리로 부르기도 한다.

한편 청주는 탁주가 담겨 있는 술독에 용수를 박아 용수 속에 고인 것을 떠내거나, 고운 천으로 술지게미를 걸러내어 얻은 맑은 술을 말한다. 청주는 일명 약주藥酒라고도 하며, 청주에 다른 부재료를 첨가하여 색다른 맛을 낸 청주만을 별도로 약주라고 부르기도 한다. 인조 때 좋은 청주를 만들었던 약봉藥峯 서성徐渻의 집이 지금의 서울 중구 중림동에 해당하는 약현藥峴에 있어서 약주라 불렀고, 그곳에서 약산춘藥山春을 만들었다는 기록도 있지만 어원은 분명치 않다.

한편 우리가 대개 청주의 대명사로 알고 있는 정종正宗은 술의 종류를 가리키는 이름이 아니라 일제강점기에 제조, 유통된 일본식 사케의 상표 이름이다. 예전 우리나라의 청주는 일본식 청주보다 달착지근하면서 시큼한 맛이 강했다 한다.

청주 가운데 유명했던 것으로는 삼해주三亥酒, 약산춘, 소국주小麯酒, 법주法酒 등이 있다.

봄에 버들개지가 날아다닐 때 마시는 술이라 하여 유서주柳絮酒라고도 했던 삼해주는 정월 첫째 해일亥日에 쌀죽에 누룩 가루를 버무려 밑술을 만들고, 둘째, 셋째 해일에 다시 비슷한 방법으로 만든 술로 두 번 덧술을 하여 알코올도수를 높인 삼양주三釀酒이다. 삼해주는 조선왕조실록에도 언급되었고, 여러 조리서에 거의 빠짐없이 수록되어 있으며, 『수운잡방』에서는 42가지 술 중에 가장 먼저 소개될 정도로 인기가 있었다. 그래서 꼭 정월에만 빚지는 않았다. 영조 때는 술집에서 삼해주를 너무 많이 빚어 서울의 쌀이 모두 술집으로 들어간다는 말이 나올 정도였다.

소곡주小麯酒·小麴酒도 삼해주 못지않게 요리서나 세시기에 많이 보인다. 이규경은 『오주연문장전산고』에서 한산서천의 소곡주를 평양의 감홍로, 홍천의 백주白酒, 여산익산의 호산춘壺山春과 함께 조선의 명주로 꼽았다. 그런데 발효주 중에서도 삼해주, 소곡주, 호산춘, 약산춘과 같은 이름난 술들은 대개 처음 발효를 통해 만들어진 알코올 함량이 낮은 밑술에 다시 덧술을 내려 알코올도수를 높인 술이다.

청주와 탁주의 중간쯤에 해당하는 술도 있다. 대표적인 것이 부의주浮蟻酒이다. 술밑을 만들어 발효시키면 며칠 후 찐 밥알이 표면에 떠오르는데, 술이 익어가면서 조금씩 가라앉아 열흘쯤 되어 다 익으면 완전히 가라앉는다. 그 상태에서 윗부분의 맑은 술은 청주가 되고 아래에 가라앉은 것을 물을 조금씩 부어 걸러내면 막걸리가 된다. 그런데 술이 아직 완전히 익지 않아 일부 밥알이 뜬 상태에서 윗부분의 술을 떠낸 것이 부의주이다. 그러므로 탁주도 아니고 완전한 청주도 아니다. 부의주라는 이름은 술 표면에 뜬 밥알이 '뜬 개미浮蟻'처럼 보인다는 뜻에서 붙인 말이고, 밥알이 동동 떠 있다고 해서 붙인 '동동주'라는 이름은 19세기 말에 생겨난 이름이다.

부의주가 언제부터 있었는지는 분명치 않으나 이름은 1459년경의 『산가요록』에 처음 등장한다. 더 이른 기록으로는 이규보의 『동국이상국집東國李相國集』이나 이색의 『목은고牧隱藁』의 시에 술과 관련하여 '부의'라는 말이 여러 차례 보이는데 그저 술을 뜻하는 말로 쓰기도 하고, 때로는 항아리 안이나 술잔에 뜬 밥알을 가리키는 말로 쓰고 있을 뿐 '부의주'라는 이름을 쓰지는 않았다. 그러나 당시에도 부의주가 있었을 가능성은 충분히 짐작해 볼 수 있다.

『산가요록』에 부의주라는 이름이 처음 보인다고 하였지만, 그 부의주는 발효를 시작한 지 6, 7일 후에 청주를 더 부어 넣고 2, 3일 더 발효시켜 만든 술이다. 6, 7일이면 밥알이 일부

떠 있었을 터인데 그 상태에서 청주로 덧술을 하여 향을 내고 알코올도수를 높인 것이다.

부의주가 명백히 밥알이 뜬 술로 기록된 것은 1670년경의 『음식디미방』이다. 그 책에서는 '사흘 만이면 익어 말갛게 귀덕이^{구더기가} 뜨고'라고 하였다. 덜 익은 술 위에 뜬 흰 밥알을 까만 개미가 아니라 하얀 구더기에 비유하여 부의주의 형상을 그대로 표현하고 있다.

아랭이술 소주

고려 말 이색과 조선 초기 김종직의 시에는 아라길^{阿刺吉}이라는 이름의 술이 보인다. 이색은 아라길에 대해 '가까스로 반 잔을 마시니 술기운이 뼛속까지 스미네'라고 묘사하여 매우 독한 술임을 알려 주고 있다. 그 아라길을 이덕무의 『청장관전서』(1795)에서는 아란다^{阿難陀: 네덜란드}의 소주라고 하였고, 19세기 이규경의 『오주연문장전산고』에서는 아리걸^{阿里乞}을 남번^{南番: 유럽}의 소주라 하였다. 그리고 예전에 개성에서는 소주를 아락주라고 하였고, 지방 곳곳에서 소주를 '아락주, 아랑주, 아랭이술'이라는 이름으로 불렀다. 이 말들은 모두 아랍어, 페르시아어의 땀을 뜻하는 '아락^{araq}'에서 유래된 말이다.

본래 소주라는 증류주는 아라비아에서 시작되었다는 것이 정설이다. 아라비아에서 향수를 만드는 과정에서 알코올을 증류하는 방법이 개발되었고, 이것이 서아시아를 점령했던 원나라를 통해 13세기 고려에 이름과 증류법이 전해져 이색의 시에도 등장한 것이다.

소주는 술을 가열, 증류하여 알코올 성분을 뽑아내어 만든 증류주이다. 그러므로 알코올도수가 35도에서 90도까지도 이를 정도로 독하다. 소주의 다른 이름 화주火酒는 알코올 함량이 많아 불이 붙는 술이라는 뜻이고, 소주燒酒는 문자 그대로 불태운 술이라는 뜻이다. 술을 불태운다는 말이 조금 기이하게 들리기도 하지만, 포도주를 증류하여 만든 브랜디brandy도 '불태운 포도주'라는 뜻의 네덜란드어 '브란더베인brandewijn'에서 나온 말이다. 외국의 이름난 증류주로는 프랑스의 코냑으로 대표되는 브랜디 외에 스코틀랜드의 위스키, 러시아의 보드카, 네덜란드의 진, 멕시코의 테킬라가 있다.

소주를 만드는 데는 술과 소줏고리가 필요하다. 솥에 술을 채우고 그 위에 소줏고리라는 증류기를 얹어 이음매를 밀가루나 쌀가루 반죽으로 밀봉한 뒤에 솥에 불을 때면 휘발성이 강한 술의 알코올 성분이 수분보다 먼저 기화하여 위로 올라간다. 이 기화된 증기가 소줏고리 뚜껑의 찬물에 닿아 이슬처

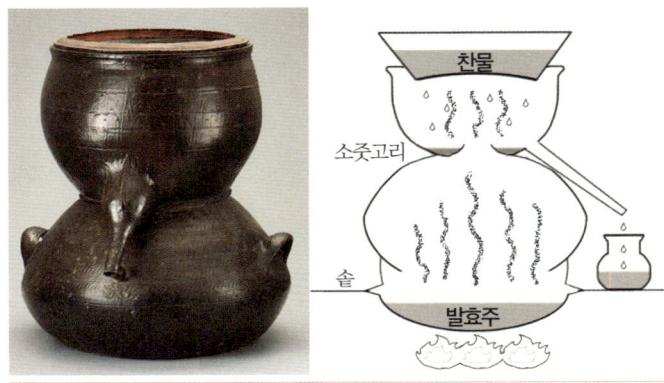

그림 25 소줏고리와 증류 방법(높이 62cm, 입지름 32cm, 바닥지름 38cm). 국립중앙박물관 소장

럼 맺힌 뒤 바닥으로 떨어지는데 이 방울들을 한쪽으로 모아서 대롱을 통해 밖으로 배출하여 받아낸 것이 소주이다⟨그림 25⟩. 소주를 땀을 뜻하는 아락이라 부르고, 이슬 로露 자를 써서 노주露酒라고 하는 것도 증류된 소주가 땀처럼, 이슬방울처럼 떨어져 고이기 때문이다.

널리 알려진 우리나라 소주로는 안동소주, 문배술과 함께 진도 홍주가 있다. 『산림경제』에 수록된 홍로주紅露酒는 궁중의 내국內局에서 만들던 것으로, 소주가 방울 맺혀 떨어지는 자리에 지초紫草·芝草의 보라색 뿌리를 썰어서 받쳐두어 소주에 붉

은색이 감돌게 한 것이다. 진도 홍주도 제조법이 비슷하므로 아마도 홍로주에서 나온 것으로 짐작된다. 한편 제주도에서는 소줏고리를 고소리라 하기에 소주도 고소리술이라 한다.

최남선은 『조선상식문답朝鮮常識問答』에서 조선의 3대 명주로 평양의 감홍로甘紅露와 함께 전주의 이강고梨薑膏와 정읍의 죽력고竹瀝膏를 꼽았다. 감홍로는 당연히 소주이다. 한편 '고膏'라는 것은 원료의 성분을 농축시킨 진한 약이나 술을 말하는데, 배와 생강을 원료로 한 이강고나 대나무 진액을 원료로 한 죽력고처럼 이름에 '고'자가 붙은 술들도 소주의 일종이다.

소주는 탁주나 청주보다 제조 과정도 복잡하고 같은 양의 술을 제조하는 데 곡식이 훨씬 많이 소요되어 값이 비쌌으므로 상류층만이 즐길 수 있었다. 향과 맛이 색다른 소주는 인기가 높아 곧 널리 퍼졌다. 이미 개성, 안동, 제주도 등의 특정 지역에서만 구할 수 있는 술이 아니었다. 1376년 우왕 2에 김진金縝이 경상도의 원수元帥로 부임해서는 기생들을 불러들여 휘하 직속부대 군사들과 밤낮으로 술잔치를 벌였는데, 김진이 소주를 좋아해서 그 패거리를 소주패燒酒徒라 했다 한다. 이듬해에 왜구가 밀어닥쳐 합포合浦: 마산 군영에 불을 지르고 공격을 퍼붓자 군사들은 "저 소주패보고 싸우라 하면 되겠네, 우리야 뭐…" 하고 꿈쩍도 하지 않아 대패했다는 일화가 전한다.

탁주나 청주는 따뜻한 곳에 오래 두면 시어서 식초로 변하지만 소주는 알코올도수가 높아 그럴 염려가 없다. 네덜란드에서 브랜디가 개발된 것도 동남아시아 진출 시기에 범선을 타고 장기간 배에서 생활해야 하는 선원들에게 쉽게 변하지 않는 술이 필요했기 때문이며, 서인도제도 카리브해의 선원들이 럼주를 마신 것도 맥락이 같다.

소주는 주로 추운 북쪽 지방에서 많이 마셨지만, 청주를 즐겨 마시던 남쪽 양반들도 술이 잘 시는 여름에는 소주를 마시기도 했다. 달레의 『조선교회사』(1874)에도 양반들은 여름에 소주와 꿀물을 많이 마신다는 기록이 있다. 그리고 본래 제사에는 청주를 썼으나 여름에는 소주로 대신하는 일이 잦았다. 제례 규범서에도 가을 중양절에는 청주인 국화주를 쓰되 복중인 유두에는 소주를 쓰라 했다.

소주는 매우 독한 술이라서 해가 없을 수 없었고, 체질에 맞지 않는 사람이 마시면 큰일이 벌어지기도 했다. 이수광의 『지봉유설』에 따르면 소주는 비싸고 독해서 다른 술처럼 큰 잔으로 마시지 못하고 조그만 잔에 따라 마셨으므로 작은 술잔을 '소주잔'이라 불렀는데, 당시에 사치풍조가 만연하여 값비싼 소주를 커다란 잔으로 마시다가 갑자기 죽은 자가 많았다고 한다. 태조 이성계의 맏아들 이방우^{李芳雨}도 소주를 과

음하다가 병이 나서 죽었다고 하며, 남이 권하는 소주를 마시고 죽은 사례가 조선왕조실록에도 여럿이 전하는데, 그중에는 왕이 내려준 소주를 마시고 죽은 일도 있었다.

소주 마시고 죽은 사람이 많다지만 소주는 평상시 약으로 자주 쓰였다. 체증 있던 사람이 소주를 마시고 효과를 보았다는 기록도 있고, 병자가 소주 몇 잔을 마시고 벌레를 토하여 병이 나았다는 기록도 남아 있다. 사실 여부는 알 수 없으나 그 당시 사람들이 소주의 약효를 인식하고 있었음을 보여 준다.

조선시대의 소주는 알코올도수가 35도에서 60도에도 이르는 술로서 이름은 같더라도 지금의 소주와는 다른 술이다. 오늘날 공장에서 만들어 가정과 식당, 주점에 대량으로 유통되는 소주는 고구마, 카사바의 전분이나 쌀을 원료로 하여 만들어낸 원액에 물을 타서 희석하고 각종 첨가제를 넣어 독특한 맛을 낸 희석식 재제주再製酒이다. 상표의 한자 이름을 자세히 보면 '燒酒'가 아니라 '燒酎'로 적혀 있다. '酎주'라는 글자는 본래 덧술 내린 술이라는 뜻인데 일본에서는 알코올 농도가 진한 증류주에 사용했다. 우리나라의 소주는 일제강점기 1920년대에 35도의 증류주로 출시되었다가 1960년대에 물을 타서 묽게 한 희석식 소주로 변한 이후로 단계적으로 알코올도수를 낮추어 지금은 20도 미만의 소주가 판매되고 있다.

금주령

조선에서는 자주 내리는 금지령 세 가지가 있었다. 고을에 사또가 부임하면 처음에 고을의 기강을 잡는다는 측면에서 삼금三禁을 내리는 일이 잦았다. 농사에 필수적인 소를 함부로 도살하지 못하게 하는 우금牛禁과 군선을 만들고 관아 건물을 짓는 데 필요한 소나무를 함부로 베지 못하게 하는 송금松禁, 그리고 먹을 양식으로 술을 빚지 못하게 하는 주금酒禁이다. 술을 빚는 데는 누룩을 만드는 데 밀가루가 필요했고, 지에밥을 짓는 데 멥쌀이나 찹쌀이 들어갔다. 곡식이 절대적으로 부족했던 시절에 양식으로 쓸 쌀이나 밀을 술 빚는 데 쓰는 것을 적절히 제어해야 했던 것이다.

당연한 말이지만 금주령은 가뭄이 크게 들거나, 큰 흉년이 닥쳤을 때 자주 내렸다. 그러나 최악의 상황이 아니라면 모든 주종이 아니라 곡식이 많이 소모되는 술을 특별히 지목하여 시행되기도 했다. 예컨대 백성들이 힘든 농사일에 틈틈이 마시는 탁주는 금주 대상에서 종종 제외되었다. 그 반면에 앞서 말한 삼해주는 일단 술을 빚은 뒤 두 번 덧술을 하여 진하게 만든 삼양주三釀酒이므로 곡식이 많이 들어가고 상당히 인기도 있어서 금주령에 자주 거론되었다. 물론 술을 증류하여 고농도 알코올로 만든 소주는 말할 것도 없었다.

그리고 상황에 따른 예외도 있었다. 일반적으로 혼례, 상례, 제례, 헌수獻壽 등의 의례에 쓰이는 술은 금하지 않았고, 노인과 병자를 위해 약으로 마시는 것도 허용되었다. 청주의 별칭인 약주라는 이름도 양반들이 금주령이 내리면 약으로 마시는 술이라고 핑계를 대기 위해 만들어낸 이름이라는 말도 있다. 중국에서 사신이 오면 연회를 베풀기 위해 금주령을 완화하기도 하였으며 겨울에 추운 날씨가 오래 계속되면 금주령을 완화하거나 잠시 해제하기도 하였다.

금주령이 내려지면 일반 백성은 물론이고 왕도 술을 마시지 않았다. 그러나 금주령 중에도 권세 있는 인물들은 몰래 술을 마셨고 힘없는 백성들만 법망에 걸려들어 비난의 표적이

되곤 하였다. 그러다가 큰 사달이 나기도 했다.

비단옷을 못마땅하게 여겨 거친 베옷이나 무명옷을 즐겨 입었고, 화려한 상차림을 꺼려 보리밥도 즐겨 먹었던 영조는 80이 넘게 장수하였는데, 자신의 장수가 악의악식惡衣惡食한 덕이라고 말하곤 했다. 평소 자신에게나 남에게나 사치를 죄악으로 경계했던 영조는 술이 본성을 해치고 몸을 망치는 광약狂藥이라 하면서 자주, 그것도 장기간 금주령을 내렸다.

1756년영조 32 그해에도 금주령이 내려졌는데, 사도세자는 영조가 갑자기 거처로 찾아와 술 마셨냐고 묻자 놀란 가슴에 얼떨결에 그랬는지는 모르겠으나 술을 마셨다고 자백하여 아버지에게 호된 꾸지람을 들었다. 울화가 치민 세자는 자신을 가르치는 시강원 관원을 붙들고 화풀이를 하다 실수로 촛대를 넘어뜨려 낙선당에 불이 났고, 급기야 아버지로부터 "네가 불한당이냐? 불을 왜 지르느냐?" 하는 소리를 듣고는 억울해서 못 살겠으니 우물에 뛰어들어 죽겠다고 큰 소동을 피우기도 했다. 사도세자는 결국 1762년 윤 5월에 우물이 아니라 뒤주 안에서 8일 만에 죽고 말았다.

비극은 거기서 끝나지 않았다. 사도세자가 죽고 약 4개월이 지난 9월에 함경도 남병사南兵使 윤구연이 금주령을 어겼다는 소문이 들렸다. 즉시 조사하라는 지시가 내려졌고 술 냄새 나는 항아리가 증거물로 적발되자, 영조의 진노를 눈치챈 대사헌이 나서서 지금으로 말하면 파면에 해당하는 삭직削職이 아니라 직위해제 정도에 해당하는 파직罷職을 요청했다. 그러나 영조는 일률一律, 즉 사형에 처하라는 어명을 내렸다. 그것도 사약을 내리는 사사賜死가 아니고 목을 베는 참형이었다. 놀란 나머지 영의정, 좌의정, 우의정을 비롯하여 사헌부, 사간원, 홍문관 관원들이 모두 나서서 온정을 베풀 것을 호소했으나 오히려 모두 파직, 삭직 처분을 받았고, 윤구연은 끝내 국왕이 임석한 숭례문 아래에서 참수형을 당하고 말았다. 관료들은 얼마 후 복직되고 윤구연은 12년 뒤에 복권되었지만, 이 전대미문의 일로 그사이 오래도록 논란이 있었다.

   금주령에는 왕실 사람이나 대신들도 예외가 없었다. 그러나 이에 구애되지 않는 극소수의 사람들이 있었다. 서거정의 『필원잡기筆苑雜記』에 따르면 사간원 관원들은 대낮에 근무처 안에서 술을 마셔도 괜찮았고, 금주령 하에서도 음주가 허용되는 특별 대우를 받았다. 이들은 왕의 잘못을 들춰내어 바로잡는 어려운 일을 맡고 있었으므로 평소에 이렇게 기개를 꺾지 말고 간 크게 키워두어야 왕을 상대로 거리낌 없이 간쟁을 할 수 있었기 때문이다.

제10장

수저와 소반

숟가락과 젓가락

―

소반과 독상 차림

숟가락과 젓가락

오늘날 전 세계 민족을 사용하는 식사 도구로 구분해 보면 맨손으로 식사하는 민족과 나이프, 포크, 스푼을 이용하는 민족과 젓가락을 사용하는 민족으로 크게 나뉜다. 그중에도 맨손으로 식사하는 인구가 가장 많다. 실은 유럽에서도 나이프, 포크, 스푼을 사용한 지가 300여 년밖에 안 된다. 고기나 다른 음식들을 나이프로 잘라 맨손으로 먹었고 빵은 지금도 맨손으로 먹고 있다. 궁정에서도 대개 손으로 음식을 먹었으므로 손을 닦기 위한 냅킨이나 핑거볼을 식탁에 두었다. 서유럽에서 포크는 16세기부터 사용하기 시작하여 18세기에 가서야 일반화되었고, 처음에 끝이 두 가닥이었던 포크는 세 가닥을 거쳐 18세기에는 지금 쓰고 있는 네 가닥 형태의 포크가 완성되었다.

그러나 동아시아에서는 아주 오래전부터 숟가락과 젓가락이 사용되었다. 처음 인류가 무언가를 먹을 때는 당연히 별도의 도구 없이 두 손을 사용했을 것이다. 신석기시대 농업혁명 이후에 주식으로 삼은 곡물을 초기에 죽의 형태로 먹을 때 가장 먼저 고안한 식사도구는 당연히 숟가락이었다. 불을 사용하고, 식재료를 가공하여 여러 가지 음식을 만들면서 소량의 음식을 입으로 가져가기 위해서도 숟가락과 같은 형태의 도구가 필요했다. 숟가락의 사용은 오랜 기록으로도 확인된다. 중국 주나라 때의 『시경』에는 이미 숟가락을 뜻하는 글자 '匕(비)'가 등장한다. 그리고 숟가락은 기록만이 아니라 유물로도 확인된다.

숟가락은 음식을 떠먹는 도구이고, 젓가락은 집어 먹는 도구이다. 젓가락은 작은 콩알도 집어 올릴 수 있을뿐더러 생선처럼 큰 덩어리 음식을 해체해서 먹는 데도 쓰이는 편리한 도구이지만 자유자재로 사용하려면 어느 정도 숙련이 필요하다. 그러므로 처음에는 숟가락만을 쓰다가 젓가락이 추가로 고안되었을 것이다.

젓가락은 중국에서 전국시대부터 사용된 것으로 알려져

있다. 젓가락은 동쪽으로 한국, 일본으로 전해져서 전 세계 젓가락 사용 인구의 80%가 한국, 중국, 일본에 있으며, 그 밖에 중국 서쪽의 티베트, 북쪽의 몽골, 남쪽의 베트남과 타이완이 젓가락을 사용하고 있다. 동남아시아의 태국, 라오스, 캄보디아, 인도네시아, 필리핀에서는 대개 맨손으로 먹지만 지금은 젓가락을 사용하는 인구가 늘고 있다.

고대 중국에서 숟가락은 국물이나 죽을 뜨고, 젓가락은 국물 속의 건더기를 건지는 용도로 쓰였다.[81] 그러다가 한나라 말기부터 수나라 때까지 중국 남부에서 밀의 재배와 제분기술이 발달하면서 밀가루 반죽을 이용한 면과 만두가 만들어

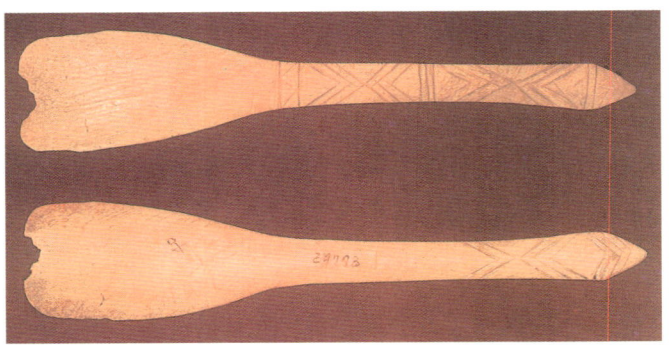

그림 26 나진 초도 유적의 뼈숟가락 앞면과 뒷면(길이 28cm). 조선유적유물도감편찬위원회, 1988, 『조선유적유물도감 1(원시편)』, 208쪽

졌는데 이런 것을 숟가락으로 먹기는 불편했으므로 젓가락의 활용이 늘어났다. 그러다가 당나라 때부터는 숟가락과 젓가락을 함께 사용하여 식사했다. 그러나 지금 중국에서는 젓가락만으로 식사한다.

우리나라에서 가장 오래된 숟가락은 함경북도 나진 초도 패총에서 발견된 뼈로 만든 숟가락이다(그림 26). 그러나 그것이 밥을 떠먹기 위한 숟가락이었는지는 확실치 않다. 그 후로 낙랑의 고분에서 숟가락이 출토되었으나 귀족층만이 사용했던 것으로 짐작되며 젓가락은 보이지 않는다.

그러다가 삼국시대부터 숟가락과 젓가락이 모두 출토된다. 백제 무령왕릉에서는 술잎이 은행알 모양으로 길쭉하고 술자루가 기다란 삼각형 모양으로 이어져 있는 독특한 모양의 청동 숟가락 세 개와 젓가락 두 벌이 발견되었다. 하지만 이것으로 수저를 함께 사용하여 식사하는 풍습이 있었는지는 입증하기 어렵다. 무덤 안에 숟가락과 젓가락이 각각 다른 자리에 놓여 있었기 때문이다.[82] 통일신라 유적에서도 숟가락에 비해 젓가락이 발견되는 경우는 많지 않다. 금속제 숟가락과는 달리 나무로 만든 젓가락은 썩어서 사라졌을 수도 있지만 흔적도 남기지 않고 썩었을 가능성은 크지 않다. 통일신라 때까지도 젓가락은 숟가락보다 활용도가 높지 않았던 것으로 보인다.

그러나 고려시대에 이르러서는 젓가락의 비중이 매우 높아진다. 숟가락과 젓가락이 세트로 발견되는 경우도 많다. 인종 장릉에서는 길이 33cm의 은제 숟가락과 24cm의 은제 젓가락이 함께 발견되었다. 그리고 조선시대 15세기에 서해의 태안 마도 부근에서 침몰한 배에서는 청동 숟가락과 함께 나무 젓가락이 38개, 즉 19벌이나 나왔다.[83] 고려 이후로는 숟가락과 젓가락이 함께 주된 식사 도구로 자리 잡았던 것으로 보인다.[84]

우리는 지금 숟가락과 젓가락을 합해 부를 때 수저라고 한다. 한자어로는 숟가락을 뜻하는 시匙와 젓가락을 뜻하는 저箸를 합쳐서 시저匙箸라고 한다. 그래서 수저라는 말이 시저에서 유래된 것으로 오해하기도 하지만 수저는 한자와 무관한 말이다.

숟가락의 예전 이름은 '술'이었다. 그것은 밥 한 숟가락을 '한 술'이라고 하는 것으로도 알 수 있다. 술은 배의 노나 숟가락을 뜻하는 원시 알타이어 selbo에서 온 말로 이해되는데 일본어의 숟가락 '사지匙'도 같은 뿌리를 지니고 있다.[85] 술에 기다란 가닥이라는 뜻의 '가락'이 붙어 '술ㅅ가락'이 '숟가락'으로 변한 것이다.

젓가락은 일반적으로 '저箸ㅅ가락'에서 유래된 것으로

본다. 그러나 달리 볼 수도 있다. 12세기 초에 송의 손목孫穆이 쓴 『계림유사』에서는 고려인들이 숟가락을 술戌이라 하고 젓가락을 절折이라 한다 했다. 그리고 경기도, 강원도, 함경도, 경상도에서는 '절까락'이라는 방언이 남아 있다. '술ㅅ가락'이 숟가락이 된 것처럼, 젓가락의 고어 '절'에 '가락'이 붙은 '절ㅅ가락'이 젓가락으로 변했을 가능성도 있다.

숟가락의 모양은 삼국시대 것들은 대체로 바닥이 약간 깊고 술잎과 술자루가 직선을 이루지 않고 이음 부분인 술목이 꺾인 모양을 하고 있다. 술잎의 평면은 짧은 타원형이나 원형을 이루고 있다. 그러다가 고려시대에 이르면 술자루 중간 부분과 술목이 크게 S자형으로 휘어 있고 술자루 끝은 제비 꼬리 모양으로 둘로 갈라졌다〈그림 27〉. 이런 형태의 숟가락은 분묘에서 여러 점이 출토되었고 신안 해저 유물선에서도 발견된 바 있다. 그러다가 조선시대에 접어들어서는 술자루가 점점 직선화되고 술목의 꺾임도 아주 미약해져서 현재는 직선형을 이루고 있다〈그림 28〉.

우리나라에서는 지금도 식사 때 숟가락과 젓가락을 모두 사용한다. 그러나 중국과 일본에서는 젓가락으로 식사를 한다.

중국에서는 당나라 때부터 숟가락과 젓가락을 함께 사용하였으나 13, 14세기에 이르러 숟가락이 사라졌다. 다른 주장도 있지만 일본에서는 나라시대710~794에 숟가락과 젓가락이 함께 식사 도구로 쓰이기 시작하여 가마쿠라시대까지 이어졌으나 무로마치시대1336~1573부터 숟가락을 쓰지 않은 것으로 알

그림 27 고려시대 숟가락(길이 28cm). 국립민속박물관 소장

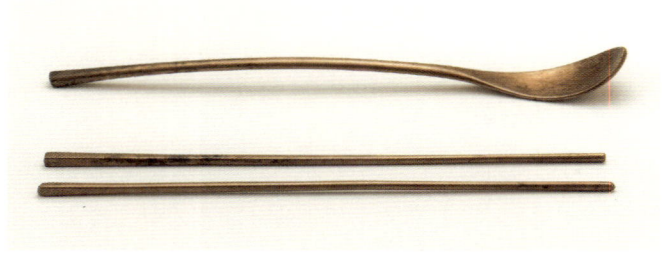

그림 28 조선시대 수저. 요즘의 수저는 20cm를 약간 넘을 정도이지만 고려, 조선의 수저는 30cm에 접근할 정도로 상당히 길다. 국립민속박물관 소장

려져 있다.[86] 거칠게 말해서 대체로 나말여초에 한·중·일 삼국이 숟가락과 젓가락을 함께 쓰다가 여말선초에 중국과 일본에서 숟가락을 쓰지 않게 된 것이다. 그래서 조선시대에는 다른 나라를 방문한 조선, 중국, 일본의 사신이나 군사들이 상대방 나라 사람들이 숟가락을 쓰고 안 쓰는 것을 서로 신기하게 여긴 기록들이 꽤 남아 있다.

물론 중국과 일본에서도 숟가락이 완전히 사라진 것은 아니다. 식사 시작부터 끝까지 주된 도구로 사용하지 않는다는 뜻이다. 중국의 숟가락 탕츠^{湯匙}나 일본의 숟가락 지리렌게^{散蓮華}는 대개 사기로 만들며 술자루가 짧다. 술잎은 바닥이 깊

그림 29 중국의 탕츠(湯匙). pixabay

고 테두리에서 바닥으로 내려가는 경사도 급하며 술자루도 오목하게 패어 있어 액체를 담기에 최적화되어 있다(그림 29). 그러므로 국물이나 걸쭉한 음식을 뜨기에는 편하지만 밥을 떠먹기에는 불편하다.

우리나라의 숟가락은 깊이가 얕고 바닥과 언저리가 구분이 없이 완만하게 패어 있다. 그래서 숟가락 날을 쓸 수 있다. 이 숟가락 날로 밥을 떠먹고 두부같이 부드러운 것을 베어 떠먹기도 한다.

우리나라만이 아직도 숟가락을 주된 식사 도구로 쓰고 있는 이유에 대해서는 여러 이야기가 있다. 그중에는 과거에 먹었던 밥이 차진 백미밥이 아니라 메진 현미밥, 거친 잡곡밥이었으므로 밥알이 잘 흩어져 젓가락으로 식사하기에는 불편했기 때문이라는 견해도 있다.[87] 하지만 그런 견해에는 선뜻 동의하기 어렵다. 과거 우리의 밥이 조악했다고 볼 특별한 이유도 없고, 밥쌀의 찰기가 중국이나 일본보다 덜했던 것도 아니다.

우리가 숟가락을 아직도 쓰고 있는 것은 우리의 밥상에 자주 올라오는 국과 찌개 때문으로 보인다. 우리의 상차림에는 대개 국이 빠지지 않는다. 물론 중국이나 일본에도 국이 있지만 우리 국과는 달라서, 중국에서는 국에 담긴 삶은 채소를 젓가락으로 건져 먹고, 일본에서는 미소시루^{味噌汁} 된장국을 젓가락으로 휘휘 저어 국그릇을 들고 마신다. 굳이 숟가락을 쓰지 않아도 된다. 그러나 우리의 국은 매우 다양하고 그중에는 건더기가 많은 국이 적지 않다. 그러므로 젓가락만으로 밥은 먹을 수 있지만 국을 먹기에는 너무 불편하다. 된장국을 젓가락으로 먹는 것은 상상할 수 없는 일이다. 게다가 국물보다도

그림 30 김홍도 풍속화첩의 주막 풍경. 국립중앙박물관 소장

건더기 양이 더 많은 여러 가지 찌개는 말할 것도 없다. 김치찌개나 된장찌개는 숟가락 없이는 먹을 수 없다.

또 우리나라에서는 밥을 국에 말아 먹기도 한다. 대표적인 것이 국밥이다. 대구의 따로국밥처럼 밥과 국을 따로 내어놓는 것도 있지만 일반적인 국밥은 처음부터 밥을 국에 말아 내어놓는다. 이런 국밥을 먹으려면 반드시 숟가락이 필요하다. 김홍도의 주막 풍경을 그린 풍속화에서도 바닥에 마지막 남은 건더기까지 숟가락으로 건져 먹기 위해 국밥 그릇을 기울여 먹고 있는 길손의 모습이 보인다〈그림 30〉.

그리고 우리는 따뜻한 음식을 좋아해서 밥도 꼭 따뜻한 밥을 먹으려 했다. 국도 따뜻하고 때로는 뜨거운 국도 많다. 그러므로 국그릇을 들고 국물을 마실 수가 없다. 게다가 찌개는 대개 국보다도 더 뜨겁다. 뜨거운 국이나 찌개는 숟가락으로 떠서 조금씩 입에 넣어야 한다.

그리고 한국의 젓가락은 중국 일본의 젓가락과 다르다. 중국이나 일본에서는 주로 나무나 대나무로 만든 젓가락을 쓰지만 우리나라에서는 금속으로 만든 젓가락을 쓴다. 과거에는 놋쇠, 지금은 주로 스테인리스 스틸로 만든 젓가락을 쓴다. 우리나라 음식은 모든 것이 젓가락으로 가볍게 집어 먹을 수 있게 조리되어 나오는 것은 아니기 때문이다. 절이고 말려 껍질이 질긴 생선이나 두툼하고 넓적한 파전처럼 젓가락으로 힘을 주어 해체해서 먹어야 하는 음식들이 적지 않고, 때로는 김치도 찢어 먹어야 한다. 그러기에는 가벼운 나무나 대나무보다는 무거운 금속으로 만드는 것이 효율적이기 때문이다.

소반과 독상 차림

중국이나 유럽에서는 기다란 식탁에서 여럿이 함께 식사했다. 그리고 초기에는 한 식탁에 모여 국자로 음식을 떠서 덜어 먹기도 하고 개인용 나이프로 썰어서 손으로 집어 먹었다. 서양에서 식사예절이 일찍부터 발달했던 것은 이런 공동식사 풍습에서 기인한 것이었다. 한 사람의 비위생이고 잘못된 매너는 다른 사람에게 불쾌감을 주기 때문이다.

   그러나 우리나라와 일본은 작은 소반을 앞에 놓고 각자 밥을 먹었다. 지금도 이름난 옛날 종갓집을 가보면 안방 대청 위의 시렁에 수많은 소반이 올려져 있는 것을 볼 수 있다〈그림 31〉. 소반의 사용은 아주 오래전의 고구려 무용총 벽화에도 나타

그림 31 안동 하회마을 양진당 안채의 소반

나 있다.

우리가 식탁을 사용하지 않고 소반을 사용한 것은 주거생활과 관계가 깊다. 서양의 경우 부유층은 부부의 침실, 어린이 방이 따로 있었지만 일반 서민의 집은 넓은 하나의 공간에 침대와 난로, 주방 시설이 함께 있는 원룸 형태였다. 그러므로 식탁의 설치가 가능했고 또 그래야만 했다. 그러나 우리의 주거 공간에는 대개 둘 이상의 방이 있고, 방 하나하나는 매우 좁았다. 넓은 방 하나가 아니라 좁은 방 몇 개를 둔 이유는 난방 열효율 때문이다.

서양에서는 방의 중앙에 난방과 취사를 위한 난로를 두어 난로 열기의 대류, 복사로 실내를 따뜻하게 만들었다. 그러한 방식은 방안에 날아다니는 재와 연기로 고통스러웠지만 난방 면에서는 효율적이었다. 그러나 우리 전통가옥에서는 부엌에서 밥을 짓거나 음식을 조리하면서 발생한 뜨거운 열기로 방바닥의 구들돌을 데워 실내를 따뜻하게 하였다. 이런 방식은 방안은 깔끔해서 좋으나 열효율 면에서는 그리 좋지 않았다. 아랫목 방바닥이 뜨거워져도 실내 온도는 쉽게 올라가지 않았다. 한옥에는 이른바 웃풍이 있어서 겨울 추운 날씨에 아궁이에 불을 때고 방바닥에 누우면 바닥은 뜨거운데도 입에서는 입김이 나오기도 했다. 방바닥의 열기만으로 실내의 온도를 조금이라도 올리려면 실내의 열이 밖으로 빠져나가는 것을 최대한 막아야 했다. 그래서 외부로 통하는 문과 창문도 작게 만들고 때로는 창문을 생략하기도 했다. 그리고 방바닥의 열이 데워야 할 내부 공간도 가능하면 작게 만들었다. 그래서 가족의 거주 공간을 몇 개의 공간으로 나누고 각 공간의 넓이도 좁게, 높이도 낮게 만들었다. 이런 실내구조에서는 방안이 좁아서 식탁을 놓을 별도의 공간을 마련하기 어렵다.

 또 부엌에서 조리된 음식을 안방, 사랑방으로 날라야 하는데 방이 부엌과 분리되어 장애가 많았다. 부엌에서 밥을 짓고 물을 끓이는 아궁이의 열기가 구들 밑 고래로 위를 향해 빠져나가게 해야 하므로 부엌 바닥을 낮게 만들었다. 그래서 부엌에서 마당으로 나가는 부엌 문턱에는 1단 또는 2단의 작은 계단을 두었다. 부엌에서 음식을 방으로 옮기려면 이 계단을 올라 부엌 문턱을 넘고 다시 마당으로 나와 댓돌을 딛고 대청마루로 올라가서 방안으로 음식을 날라야 했다. 음식을 운반하는 동선이 번거로웠으므로 당연히 음식을 나를 수 있는 작은 반盤: tray이 필요했다. 이 작은 반을 간편하게 그대로 밥상으로 쓰기 위해 다리를 달아서 만든 것이 소반이다. 그리고 식사가 끝나면 소반을 곧바로 부엌으로 옮겼다. 그래서 소반의 상판은 가볍고 튼튼한 은행나무 행자목杏子木이 많이 쓰였다.

그림32 구족반(좌), 호족반(중), 해주반(우). 충청도에서 많이 만들어 충주반이라고도 하는 구족반(개다리소반)은 발굽이 안으로 오므라들고, 호족반은 발굽이 밖으로 뻗으며, 해주반(海州盤)은 좌우에 투각(透刻)된 판각(板脚)이 붙는다. 국립민속박물관 소장

그림 33 1550년경의 〈호조낭관계회도(戶曹郎官契會圖)〉 부분. 국립중앙박물관 소장

그림 34 〈회혼례도(回婚禮圖)〉 부분. 국립중앙박물관 소장

지방에 따라 때로는 화려하고 때로는 투박한 소반이 제작되어 충주반, 나주반, 해주반, 통영반, 강원도반 등의 다양한 소반이 있었다. 발 모양으로 보면 흔히 개다리소반으로 일컫는 구족반狗足盤과 아울러 호족반虎足盤, 마족반馬足盤, 죽절반竹節盤, 단각반單脚盤이 만들어졌다〈그림 32〉.

소반은 말 그대로 작은 밥상이다. 작은 밥상에는 많은 음식을 차릴 수 없으므로 당연히 겸상 차림도 어려웠다. 그래서 예전에는 어린이의 경우에는 두레반에 둘러앉아 간단한 밥상을 받기도 했지만 어른은 대개 각자 따로 상을 받았다. 독상獨床 차림은 조선시대의 풍속화에도 많이 나타난다. 호조 정랑正郞, 좌랑佐郞의 계모임을 그린 16세기 〈호조낭관계회도戶曹郞官契會圖〉나, 부부가 결혼 60주년을 맞아 잔치를 벌인 모습을 그린 18세기 〈회혼례도回婚禮圖〉에서도 여러 사람이 모두 독상을 받고 있고〈그림 33·34〉, 개성의 원로들이 만월대에 모여 잔치를 벌인 광경을 그린 김홍도의 〈기로세련계도耆老世聯稧圖〉(1804)에서는 64명 모두가 자기 몫의 소반을 앞에 두고 앉아 있다. 대한제국기 상궁의 증언을 들어보면 고종과 명성왕후가 식사할 때도 나란히 앉아 각자 따로 상을 받았다고 한다.

맺음말

　우리 선조들이 우리에게 남겨준 것 가운데 남들에게 자랑할 만하고 지금 우리의 삶을 풍요롭게 하는 것으로는 무엇이 있을까? 필자는 항상 한글과 우리 음식을 든다. 한글은 천재적인 음운학자 세종이 혼자서 창제한 것이지만 우리 음식은 이 땅에 살았던 조상들이 오랜 세월에 걸쳐 다듬어낸 것이다. 그렇다고 해서 한식이 프랑스 요리나 태국 요리처럼 고급스럽다거나 세계인의 입맛에 맞는 뛰어난 음식이라는 것을 말하려는 것이 아니다. 미각이란 꽤 주관적이어서 사람마다 평가가 다를 것이고 길들지 않은 음식에 호감을 갖기는 쉽지 않다.

　그리고 무엇보다도 이 책에서 소개한 예전 음식들이 어떤 음식인지, 어떤 맛인지 알기가 어렵다. 떡볶이를 예로 들자면 『규곤요람閨壼要覽』(1896)의 '쩍복기' 재료에 가래떡은 있지만 고추장은 없고 전복, 해삼, 표고

버섯이 들어간다. 그리고 과거의 식재료는 지금과 크게 달랐다. 대부분이 품종 개량으로 바뀌었거나 다른 품종에 밀려 사라졌다. 요즘 우리가 먹는 것 중에는 곡식, 채소, 과일, 고기 할 것 없이 예전 것이라 할 만한 것이 거의 없다. 쌀은 물론이고 배추, 사과, 복숭아, 돼지, 닭이 모두 그렇다. 칡소라 부르던 얼룩소도 오래전 사라진 것을 최근 가까스로 복원했고, 평양의 평양우도 지금은 이름을 듣지 못한다.

그런데 무슨 이유로 자랑스러운 유산으로 우리 음식을 말할까? 좁은 땅덩이에서도 우리 음식은 다양하다. 음식의 다양성에는 화려한 고급스러움이나 빼어난 맛과는 다른 차원의 덕목이 있다.

우리나라는 온대기후에 속하는 남쪽은 따뜻하고 비가 많고, 냉대기후에 속하는 북쪽은 춥고 비가 적다. 동쪽에는 깊은 바다에 한류가 흐르고, 서해에는 얕은 대륙붕에 난류가 흐른다. 그리고 백두산에서 지리산까지 남북으로 길게 뻗은 백두대간은 동서의 눈비와 바람을 갈라놓았다. 사계절의 구분도 뚜렷하며, 겨울에는 춥고 건조하고 여름에는 덥고 비가 많이 내린다. 이러한 차이가 북쪽에는 잡곡지대를 남쪽에는 도작지대를 형성했고, 바다에는 대구, 명태, 청어의 한류성 어종과 조기, 멸치, 고등어의 난류성 어종이 고루 갖추어졌다. 그리고 조수간만의 차가 크고 해안선이 복잡한 서해에는 얕은 대륙붕과 세계에 보기 드문 넓은 개펄이 형성되어 낙지, 망둑어와 여러 종류의 조개, 새우, 게를 얻을 수 있었다.

중국은 산은 낮고 강은 길고, 일본은 산은 높고 강은 짧은 데 반해, 우리나라는 산고수장山高水長으로 산도 높고 강도 길다. 게다가 산지 면적이 전 국토의 7할을 차지하고 있다. 산과 골짜기가 많은 지형은 원활한 교통과 운송을 가로막아서 생활권이 잘게 나누어졌다. 풍토는 다르고 교통은 막혀서 사람들은 굳이 신토불이를 외치지 않아도 자기 고장에서 나는 식재료로 음식을 만들어 먹어야 했다. 그래서 좁은 땅덩어리에 지역마다 특산 식재료와 식품도 많다. 어지간한 지역 특산은 모두 궁중 진상품이었다고 우기는 것도, 우리 음식이 다양했다는 것을 간접적으로 말하고 있다.

우리의 자연환경은 물론 식생활에 불리하게 작용하기도 했다. 전체로 보면 식품이 다양했다고 하지만, 잘게 나눠진 각 생활권 안에서는 여러 가지 음식을 먹을 수 없었다. 함경도에서는 새우를 새비라고 부르는데 내륙 산간지역으로 들어가면 이런 방언이 없었다. 남쪽에서도 외진 마을에서는 막걸리 한 잔에 등짐장수가 날라온 새우젓의 작은 새우를 집어 안주로 먹었다. 안동 간고등어와 같은 내륙의 생선 요리도 있다지만 희귀한 예외일 뿐이다.

그리고 넓은 들이 없어 지평선은 '징게맹겡 김제만경 외에밋들'이라 부르는 김제평야에서나 볼 수 있다. 평지가 적으니 곡식을 넉넉히 구할 수가 없었다. 그 부족함을 산과 들에서 뜯은 냉이, 쑥과 같은 푸새로 해결하기도 했고, 더 궁해지면 칡뿌리나 소나무껍질이라도 먹어야 했다. 그러나 전근대의 식량부족과 기근은 우리만 겪은 일이 아니다. 어디서나 마찬가지였다. 19세기 말, 20세기 초에 한국을 방문하여 도시와 시골 곳곳을 돌아다녔던 지리학자 비숍이나 데일리 메일의 기자

맥켄지F. A. MacKenzie는 가난을 생활필수품의 부족으로 정의한다면 한국 농촌은 빈곤하지 않으며, 영국의 시골 살림살이보다 못하지 않다고 했다.

그리고 한편으로는 지금의 우리 음식은 건강하다. 책 첫머리에서 인간의 두 가지 커다란 욕망으로 들었던 식욕과 성욕은 궁극적으로는 생존과 종족보존을 위한 수단이지만, 표면적으로는 쾌락을 향한 욕망이다. 그러나 먹어서 느끼는 쾌락은 그 양과 질이 과하지도, 부족하지도 않은 균형을 이루었을 때 몸의 조화로운 질서와 안정으로 이어져 마침내 오랜 생존이라는 목표에 다다를 수 있다.

조화로운 질서와 안정을 만들고 유지하는 것을 치治라 하고, 그것을 몸에서 음식으로 실현하는 것을 식치食治라 한다. 우리나라 한의학에는 식치의 전통이 강하여 건강을 회복하고 지키게 만드는 직접적인 행위는 약치藥治이지만 그보다는 음식으로 다스리는 식치가 먼저라고 생각했다. 밥이 보약이라는 말이 그 말이다.

세조는 자신이 직접 지은 『의약론醫藥論』에서 8가지 의원을 말하면서 그 가운데 환자의 마음을 다스리는 심의心醫를 첫째로, 먹는 것으로 환자의 몸을 회복시키는 식의食醫를 둘째로, 약으로 환자를 치료하려는 약의 藥醫를 셋째로 꼽았다. 그래서 세조 당시에도 그리고 그 이전 고려 때에도 궁중의 음식 어선御膳을 담당하는 부서에 식의食醫를 두어 조리를 감독하게 했다.

식치, 식의는 의醫와 식食의 근원이 같다는 의식동원醫食同源의 사조에서 나온 것이다. 그래서 이름난 의원 중에는 요리서 집필에 나선 이들도 있다. 세조를 모셨던 어의 전순의는 음식으로 치료한다는 『식료찬요食療纂要』라는 책을 지어, 그 요리서 서문에서 사람이 세상을 살아가는 데는 음식이 으뜸이고 약은 그다음이라 하였다. 숙종 때 어의 이시필도 『소문사설』에서 38가지 음식의 요리법을 소개하면서 그것을 식치방食治方 조목에서 다루었다. 그리고 전순의는 『식료찬요』와는 별도로 『산가요록』이라는 본격적인 요리서를 내었다. 다른 요리서가 그 전에 있었는지는 알 수 없지만, 『산가요록』은 현재 전하는 요리서 중에는 가장 오랜 것이다. 우리나라의 요리서를 최고 수준의 의원인 어의가 시작했다는 것은 유심히 들여다볼 일이다.

물론 조선시대에 얼마나 몸의 조섭과 양생에 유의하여 음식을 만들었는지 알지 못하고, 그런 생각이 지금까지 우리 음식에 투영되어 전하는지도 장담하기 어렵다. 그러나 현재 시점에서 우리 음식은 건강하다. 주식으로 먹는 쌀은 영양소의 균형 측면에서 밀보다 우수한 곡물이다. 밀가루의 글루텐은 빵을 탐스러운 모양으로 만들고, 짜장면과 우동의 면발을 쫄깃하게 하지만, 한편에서는 우리 몸의 신진대사를 흐트러뜨리는 게 아니냐는 의심의 눈길을 받고 있기도 하다. 항상 챙기는 김치는 괴혈병을 모르게 했고, 마늘은 각기병의 접근을 막았다.

그리고 지금 우리 식단은 소금기나 기름기도 과하지 않다. 예전의 음식이 짰다고는 하지만 절약의 방편이라서 많이 먹지 않았고, 기름진 음식은 먹을 기회가 별로 없었다. 유럽 중세에는 음식이 기름지다는 말이 고급스럽다는 의미였지만 점점 건강에 해롭다는 뜻으로 바뀌었고, 오늘날의 우리에게는 더욱 그렇다.

우리 음식은 우리의 산과 들과 바다와 강이, 그리고 여름의 무더위, 겨울의 찬 바람과 눈비가 만들어 낸 총체적 결과물이다. 그러나 모든 문화가 그렇듯이, 음식 문화도 환경에서 저절로 생겨난 것이 아니라 환경을 이해하고 적절히 활용하려는 인간의 사고방식과 행동 양식이 만들어낸 것이다. 독특한 감칠맛을 내는 젓갈 김치가 주위에 바다와 강이 있다고 해서 저절로 만들어지는 것이 아니다. 그것을 가능케 한 것은 고단한 환경 안에서 살아남으려 했던, 그리고 풍요로운 삶을 꾸려보려 애썼던 우리 조상들의 삶에 대한 애착과 지혜였다.

우리 몸에 맞는 좋은 음식을, 그리고 다양한 맛의 여러 음식을 먹을 수 있게 해 준 선조들에게 감사할 일이다.

미주

1 『象村集』, 권15, 七言律詩 次簡易韻
2 김호, 2000, 『허준의 동의보감 연구』, 일지사, 159쪽, 191~193쪽
3 『昭代叢書』乙集 권40, 飯有十二合說
4 음식고고연구회, 2011, 『炊事實驗의 考古學』, 서경문화사, 117~119쪽
5 통계 조사는 통감부 시기에 시작되었으나 전반적이고 체계적인 것은 아니었다. 조선총독부 시기의 초기 통계는 빠진 것이 많고 수치가 대체로 낮게 제시되어 있어서 1917년 이전의 곡물생산량 통계수치는 1918년판과 1919년판에서 대폭 상향 수정되었다. 그러나 이 글에서 주목하는 것은 곡물 생산량의 절대적인 수치가 아니라 상대적인 비율이므로 그것이 크게 왜곡되지는 않았으리라고 본다.
6 이사벨라 버드 비숍(I. B. Bishop) 지음, 이인화 옮김, 1994, 『한국과 그 이웃 나라들』, 살림
7 러시아 재무부 사무국(Канцеляріи Министра Финансоры) 編, 한국정신문화연구원 譯, 1984, 『국역 한국지』, 435~436쪽
8 정연식, 1997, 「조선 후기의 主食에 관한 試論」, 『인문논총』 4
9 Joseph Needham, Francesca Bray, 1984, *Science and Civilisation in China*, Vol.6-2(Agriculture), Cambridge: Cambridge University Press, p.494
10 1998년에 충북 청원군 소로리 유적에서 발견된 볍씨는 13,000년 전의 것으로 발표되었으나 편년의 정확성에 대해 의심하는 견해도 많다.
11 한국토지공사토지박물관·연천군, 1999, 『연천 호로고루 정밀지표조사보고서』, 168~169쪽, 237~246쪽
12 『經國大典』戶典, 祿科. 관료들의 녹봉으로 중미와 조미가 지급되고 백미가 없었던 것은 『미암일기』 병자년(1576) 7월 25일의 기사에서도 확인된다.
13 『眉巖日記』 정묘년 10월 30일, 기사년 9월 21일, 신미년 정월 26일
14 『度支志』 권6, 版籍司 田制部4 租稅; 『萬機要覽』 財用篇2, 收稅
15 『선조실록』 권182, 선조 37년 12월 2일 정미

16 『備邊司謄錄』89책, 영조 7년 3월 28일 "刑曹判書尹游曰 大同米 例皆可食白米"
17 이시게 나오미치(石毛直道) 지음, 한복진 옮김, 2017, 『일본의 식문화사』, 어문학사, 55쪽
18 존 K. 페어뱅크(John K. Fairbank) 著, 중국사연구회 번역, 1994, 『신중국사』, 까치, 22쪽
19 『林下筆記』卷26, 春明逸史 下詢邊情
20 제주도 방언으로 쌀은 '큰쌀'이라 한다.
21 염정섭, 2002, 『조선시대 농법 발달 연구』, 태학사, 240-241쪽
22 김용섭, 1960, 「量案의 연구 (하)」, 『사학연구』 8, 104쪽
23 『經國大典』戶典 祿科. 『고려사』에는 좌창(左倉)에 들어오는 米, 粟, 麥이 모두 약 14만 섬이 되고 이로써 관료들에게 科에 따라 祿俸을 지급한다고 하였으나 그 맥이 大麥인지 小麥인지 밝혀져 있지 않다(『高麗史』 권80, 食貨志3 祿俸).
24 『與猶堂全書』1集 18卷, 詩文集 贈言 爲尹輪卿贈言
25 한국농촌경제연구원, 1984, 『보리의 생산 및 소비정책 방향』, 9쪽
26 페르낭 브로델(Fernand Braudel) 지음, 주경철 옮김, 1995, 『물질문명과 자본주의』 I -1, 까치, 163쪽
27 맛시모 몬타나리(M. Montanari) 지음, 주경철 옮김, 2001, 『유럽의 음식문화』, 새물결, 208쪽
28 페르낭 브로델 지음, 주경철 옮김, 1995, 앞의 책, 206쪽
29 『擇里志』 卜居總論 生利. 마지기(斗落)는 '말[斗]'과 떨어지는 것을 뜻하는 '디기(지기)'의 합성어로 볍씨 한 말을 떨어뜨릴(뿌릴) 수 있는 논의 넓이를 말한다. 섬지기[石落], 되지기[升落]라는 말도 있다.
30 펠라그라는 나이아신(Niacin: 비타민B3) 부족으로 인한 질병으로, 햇빛에 노출된 피부가 붉게 변하여 장미병이라고도 부르며, 설사(diarrhea), 피부염(dermatitis), 치매(dementia) 증상을 보여 3D병이라고도 한다.
31 찰스 B. 헤이저 2세(Charles B. Heiser, Jr.) 지음, 장동현 옮김, 2000, 『문명의 씨앗, 음식의 역사』, 가람기획, 116쪽
32 페르낭 브로델 지음, 주경철 옮김, 1995, 앞의 책, 199쪽
33 『度支志』권9, 貢獻部1 宣飯. 巴只는 '파지'가 아니라 '바기'로 읽는다. 궁

중 잡일에 부리는 어린 계집종을 무수리라 하고, 마당 쓰는 일 따위에 부리는 어린 사내종을 바기라고 한다. 바기는 '쓸다'를 뜻하는 알타이어의 '바가[baka]'에서 유래된 말로서, 일본어에서는 '쓸다'의 '하쿠(掃く: *paku〉Φaku〉haku)'로 남아 있다. 물긷는 여자는 무수리[水賜伊]가 아니라 무자이[水汲]라 하며, 궁중 세수간(洗手間)에 소속된 무자이는 물어미[水母]라 한다.

34 민족문화추진위원회, 1989, 『국역 대동야승』 I, 644쪽
35 『성종실록』 권191, 성종 17년 5월 2일 병令; 『大東韻府群玉』 卷2, 上平聲 支
36 박철, 1987, 『세스뻬데스-한국 방문 최초 서구인-』, 서강대학교출판부, 230쪽; 샤를르 달레(C. C. Dallet) 著, 정기수 譯, 1981, 『조선교회사 서론』, 탐구당, 260쪽; 윌리엄. E. 그리피스(W. E. Griffis) 著, 신복룡 譯註, 1976, 『은자의 나라 한국』 II, 탐구당, 162~166쪽
37 『靑莊館全書』 권58, 盎葉記5 一人朝夕食; 『五洲衍文長箋散稿』 권4, 服食裁量辨證說
38 강한영 校注, 1971, 『申在孝판소리사설집』, 민중서관, 371쪽
39 한국정신문화연구원 편집부, 1995, 『古文書集成 22 : 靈巖 南平文氏篇(II)』, 30~31쪽
40 『承政院日記』 1536책, 정조 7년 7월 5일 갑오
41 정연식, 2008, 「조선시대 이후 벼와 쌀의 상대적 가치와 용량」, 『역사와 현실』 69, 314~318쪽
42 주영하, 2021, 『음식을 공부합니다』, 휴머니스트, 203쪽
43 『음식디미방』에서는 고운 밀가루로 쑨 죽에 녹두가루를 넣어 반죽해서 면본으로 눌러 싀면을 만든다고 하였는데 이때의 면본은 '麵本'으로 보이지만 바가지인지, 국수틀인지, 아니면 또 다른 것인지 알 수가 없다.
44 이만영의 『才物譜』에서는 면홀달(麵紇饉)을 면건달(麵乾饉)로 기록했다.
45 『쇄미록』의 1595년 음력 7월 10일 기록에는 '제비국[齊非湯]'이란 음식도 등장하는데, 먹을 것이 늘 부족하던 난리통에 아침밥은 겨우 차려 먹고 저녁은 밀가루로 제비국을 만들어 온 가족이 나눠 먹었다고 한다.
46 『식료찬요(食療纂要)』 양양본(襄陽本: 1460)에서는 노인 중풍을 다스리는 음식으로 우엉박탁[牛蒡餺飥]을 소개했다. 우엉을 껍질을 벗겨 말린 후에 찧어서 가루로 만들고 이를 쌀가루와 섞어서 박탁을 만들어 된장국에 넣고 끓여 공복에 먹으라고 하였는데 박탁을 어떤 모양으로 만드는지

는 밝히지 않았다. 양양본의 박탁을 나화로 본다면 이것이 나화에 관한 최초의 기록이 된다.

47　餛飩의 당송 시기 발음 중고음(中古音)은 [ɣuənduən]이다. [ɣ]음은 대체로 독일어 Bach[bax]의 [x]와 묵음 사이의 음이므로 묵음으로 들릴 수 있고, ɣuənduən의 '-nduə-'는 일본어의 'ど'로 충분히 대체된다.

48　수교의는 수교위, 수교이로도 보이며 한자로는 水糕兒, 水羔兒, 水角兒로 표기했다.

49　『東國李相國集』後集 권4, 古律詩.〈菁〉"得醬尤宜三夏食 漬鹽堪備九冬支 根蟠地底差肥大 最好霜刀截似梨"

50　나복은 때로는 내복(萊菔), 노복(蘆菔)으로 쓰기도 했는데 노복의 蘆는 한나라 때의 상고음에서는 '로'가 아니라 '라'로 읽었다.

51　황해도 白川(백천)을 배천으로 읽듯이, 白菜(백채)는 배채로 읽고 拜菜(배채), 背菜(배채)로도 기록되어 있다. '菘, 菘菜'는 옛 기록에서 '숑, 숑채'로 읽었다. 菘(배추)과 苽(오이)의 정식 한국한자음은 '숭, 고'이지만 과거 기록에서는 대부분 '송, 과'로 읽었다.

52　주영하, 2021,『음식을 공부합니다』, 휴머니스트, 146쪽

53　『세종실록』권32, 세종 8년 6월 16일 무인, "送乾古道魚二櫃·童子瓜交沈 紫蝦醢二缸于迎接都監 白彦欲進獻也"

54　맛시모 몬타나리 지음, 주경철 옮김, 2001, 앞의 책, 101~102쪽

55　고문헌에 보이는 '침장(沈藏)'도 의심할 나위 없이 김장을 가리키는 말이다.

56　정약용의 『아학편(兒學編)』도 아동용 학습서였으나 필사본으로 남아 있으며,『훈몽자회』나『신증유합』처럼 활자본으로 간행되어 널리 읽힌 책이 아니다.

57　최학근, 1990『증보한국방언사전』, 명문당, 688~689쪽

58　『杜詩諺解』 3:50 病後過王倚飮贈歌 "長安冬菹酸且綠: 長安앳 겨ᅀᆞᆯ 디히ᄂᆞᆫ 싀오 ᄯᅩ 프르고"

59　S. A. Starostin, A. V. Dybo, O. A. Mudrak, 2003, *Etymological Dictionary of the Altaic Languages*, Leiden: Brill, p.1396

60　권대영·정경란·양혜정, 2017,『고추 전래의 진실』, 자유아카데미

61　페르낭 브로델 지음, 주경철 옮김, 1995,『물질문명과 자본주의』Ⅰ-1, 까치, 268~269쪽

62　농림수산부, 1996, 『농림수산 주요통계』, 298~299쪽
63　'수육'은 삶은 고기 숙육(熟肉)의 변음이다. 과거에는 대개 쇠고기 양지 부위를 삶은 것을 뜻했다.
64　이성우, 1985, 『한국 요리문화사』, 교문사, 111쪽
65　『몽어유해(蒙語類解)』上:47 "空湯 슈루ᅟᅵ 고기슬믄믈". 여러 책에서 '슈루'라고 하였으나, 슈루의 '루'에 모음 사이에 낀 ㄹ은 r이 아니라 l로 발음하도록 'ᅟᅵ' 표시를 하였으므로 '슐루'로 읽는 것이 옳다. 『방언유석(方言類釋)』에서도 공탕을 몽골어로 슐루, 청나라 말로 '실러'라 한다 했다.
66　박현수, 1996, 「소설 속의 설렁탕-현진건의 「운수 조흔 날」을 중심으로-」, 『반교어문연구』 56
67　주영하, 2013, 『식탁 위의 한국사』, 휴머니스트, 76쪽
68　우심(牛心)은 안심(tenderloin)만이 아니라 채끝(striploin)과 등심(sirloin)을 포함한 등, 허리 쪽의 loin 부위 전체를 말하는 것일 가능성도 없지 않다.
69　황교익, 2011, 『한국음식박물지』, 따비, 75쪽
70　S. A. Starostin, A. V. Dybo, O. A. Mudrak, 2003, op. cit., p.1251
71　김연주, 2020, 「조선중기 사대부가의 육류 소비의 특성」, 서울여자대학교 석사학위논문, 27쪽
72　마빈 해리스(Marvin Harris) 지음, 박종렬 옮김, 1996, 『문화의 수수께끼』, 한길사, 31~33쪽
73　시노다 오사무(篠田統) 지음, 윤서석 외 8인 옮김, 1995, 『중국음식문화사』, 민음사, 42쪽
74　『均稅行覽』 報備局稟議成冊(아세아문화사 編, 1985, 『均稅行覽 外 二種』(栖碧外史海外蒐佚本), 78~79쪽)
75　김호, 2000, 앞의 책, 171쪽
76　『음식디미방』 고기믈로이고오래두는법(고기 말리고 오래 두는법); 『五洲衍文長箋散稿』 권11, 鯆魚辨證說 "薰於烟囱以免餕 名以烟貫目(貫目卽乾青魚之俗名也) 貴售焉"
77　『度支志』 上, 總要 八道三都田民錢穀總數
78　임학종·이정근, 2010, 「신석기시대 도토리저장공에 대한 검토-창녕 비봉리유적 도토리저장공을 대상으로-」, 『영남고고학』 52

79　김영완, 2022, 「조선시대 문헌에 나타난 구황식물 양상-소나무·느릅나무를 중심으로-」, 『(조선대)인문학연구』 63

80　『정조실록』 권48, 정조 22년 6월 5일 정유

81　오승환, 2019, 「삼국시대 匙箸의 보급과 식사방법」, 『야외고고학』 34, 82쪽

82　정의도, 2009, 「무령왕릉 출토 靑銅匙箸연구」, 『선사와 고대』 30

83　문경호, 2016, 「泰安 馬島 4호선 出水 遺物을 통해 본 조선 초 漕卒의 선상생활」, 『도서문화』 48, 55~56쪽

84　배영동, 1996, 「한국 수저[匙箸]의 음식문화적 특성과 의의」, 『문화재』 29, 13쪽

85　S. A. Starostin, A. V. Dybo, O. A. Mudrak, 2003, op. cit., pp.1227-1228

86　예전에는 가마쿠라시대에 숟가락이 사라졌다고 했으나 현재는 무로마치시대로 보는 견해가 많아졌다. 17세기 기록에도 간혹 숟가락이 보인다(도기홍, 2016, 「일본 상차림에서 수저의 문화학-한·일비교문화론을 위한 시론-」, 『일본문화학보』 69).

87　배영동, 1996, 앞의 글, 18쪽

참고문헌

강명관, 2023, 『노비와 쇠고기』, 푸른역사

강신표 編, 1983, 『레비스트로스의 인류학과 한국학』, 한국정신문화연구원

강한영 校注, 1971, 『申在孝판소리사설집』, 민중서관

구도영 외 6인, 2023, 『한국음식문화사―한국 음식문화의 미학, 그 여정에 대한 역사적 이해―』, 동북아역사재단

구자옥·김미희·노경희, 2009, 「일제강점기의 조선 8도 식생활(끼니) 실태」, 『농업사연구』 8-1

김대길, 1996, 「조선후기 牛禁에 관한 연구」, 『사학연구』 52

김상보·이성우, 1992, 「조선왕조의 영접도감 연향색의궤에 관한 분석적 연구―찬품 및 재료와 그 분량에 관하여―」, 『한국식생활문화학회지』 7-2

김연주, 2020, 「조선중기 사대부가의 육류 소비의 특성」, 서울여대 석사학위논문

김영완, 2022, 「조선시대 문헌에 나타난 구황식물 양상―소나무·느릅나무를 중심으로―」, 『(조선대)인문학연구』 63

김영진, 1982, 『농림수산 고문헌 備要』, 한국농촌경제연구원

김용섭, 1960, 「量案의 연구 (하)」, 『사학연구』 8

김인희, 2014, 「고구마의 이동을 통해 본 16~18세기 동아시아 각국의 해양인식―」, 『아태연구』 21-2

김종덕, 2011, 「옥수수[玉蜀黍]의 어원과 효능에 대한 문헌연구」, 『농업사연구』 10-2

김태완, 2002, 「조선후기 구황식품의 활용에 대한 연구」, 서울시립대 석사학위논문

김호, 2000, 『허준의 동의보감 연구』, 일지사

____ 2008, 「조선의 食治 전통과 왕실의 食治 음식」, 『조선시대사학보』 45

나선화, 2002, 『소반』, 대원사

농림수산부, 1996, 『농림수산주요통계(1996)』, 농림수산부

도기홍, 2016, 「일본 상차림에서 수저의 문화학―한·일비교문화론을 위한 시론―」, 『일본문화학보』 69

문경호, 2016, 「泰安 馬島 4號船 出水 遺物을 통해 본 朝鮮 初 漕卒의 船上 生活」, 『도서문화』 48

민족 문화추진위원회, 1989, 『국역 대동야승』 II, 민문고

박채린, 2013, 『조선시대 김치의 탄생』, 민속원

박채린·권용민, 2017, 「『주초침저방(酒醋沈菹方)』에 수록된 조선 전기 김치 제법 연구」, 『한국식생활문화학회지』 32-5

박철, 1987, 『세스뻬데스—한국 방문 최초 서구인—』, 서강대학교출판부

박현수, 2020, 「소설 속의 설렁탕—현진건의 「운수 죻흔 날」을 중심으로—」, 『반교어문연구』 56

박현수, 2023, 「식민지 시대 냉면의 경성 진출과 그 의미」, 『대동문화연구』 124

배영동, 1996, 「한국 수저[匙箸]의 음식문화적 특성과 의의」, 『문화재』 29

백두현, 2017, 「『주초침저방(酒醋沈菹方)』의 내용 구성과 필사 연대 연구」, 『영남학』 62

소래섭, 2009, 『백석의 맛』, 프로네시스

안대회 외 22인, 2014, 『18세기의 맛』, 파주: 문학동네

염정섭, 2002, 『조선시대 농법 발달 연구』, 태학사

_____ 2006, 「조선 후기 고구마의 도입과 재배법의 정리 과정」, 『한국사연구』 134

오승환, 2019, 「삼국시대 匙箸의 보급과 식사방법」, 『야외고고학』 34

오인택, 2015, 「조선후기의 고구마 전래와 정착 과정」, 『역사와 경계』 97

_____ 2019, 「조선후기 감자의 전래와 전파」, 『코기토』 87

오호성, 2007, 『조선시대의 미곡 유통 시스템』, 국학자료원

윤서연, 2018, 「김치류 서지의 계통에 관한 연구」, 『서지학연구』 74

음식고고연구회, 2011, 『炊事實驗의 考古學』, 서경문화사

이경주·권호종·정대율, 2019, 「우리나라 멸치의 기록에 관한 연구」, 『예술인문사회융합멀티미디어논문지』 9-12

이광호, 2013, 「구황 자료에 나타난 구황 작물 어휘의 국어사적 고찰」, 『언어과학연구』 64

이기문, 1998, 「후추와 고추」, 『새국어생활』 8-4

이상희, 2009, 『한국의 술문화』, 선

이성우, 1984, 『한국식품문화사』, 교문사

_____ 1984, 『한국식품사회사』, 교문사

_____ 1985, 『한국요리문화사』, 교문사

이해준 외 4인, 2006, 「전통사회와 생활문화」, 한국방송통신대학교출판부

임성수, 2015, 「조선 후기 녹봉제 연구」, 『동방학지』 169

임학종·이정근, 2010, 「신석기시대 도토리저장공에 대한 검토」, 『영남고고학』 52

장지현, 1987, 『한국 외래주 유입사 연구』, 수학사

_____ 1994, 『한국전래 면류음식사 연구』, 수학사

정경란, 2014, 「초(椒)의 종류와 고쵸의 의미」, 『한국콘텐츠학회논문지』 14-12

정경란·장대자·양혜정·권대영, 2008, 「고추는 과연 임진왜란 때 일본으로부터 들어왔는가」, 『훈맛훈얼』 1-3

정성일, 2017, 「趙曬과 일본 표류 제주인을 통한 제주 지역의 고구마 전래」, 『조선통신사연구』 23

정연식, 1996, 「조선시대 식생활과 음식문화」, 『조선시대 사람들은 어떻게 살았을까 1』, 청년사

_____ 1996, 「조선시대의 술과 주막」, 『조선시대 사람들은 어떻게 살았을까 1』, 청년사

_____ 1997, 「조선 후기의 主食에 관한 試論」, 『인문논총』 4, 서울여대 인문과학연구소

_____ 2001, 「조선시대의 끼니」, 『한국사연구』 112

_____ 2001, 『일상으로 본 조선시대 이야기 2』, 청년사

_____ 2008, 「김치의 제조법과 명칭 변화에 대한 재고찰」, 『인문논총』 17, 서울여대 인문과학연구소

_____ 2008, 「조선시대 이후 벼와 쌀의 상대적 가치와 용량」, 『역사와 현실』 69

_____ 2009, 「조선시대의 주식과 부식」, 『물질문화와 농민의 삶』, 태학사

_____ 2024, 「조선시대의 면류(麵類) 음식」, 『한국의 고고학』 62, 주류성

정의도, 2008, 「청동숟가락의 등장과 확산─삼국시대~통일신라시대─」, 『석당논총』 42

_____ 2016, 「고고자료로 본 조선시대의 젓가락 연구」, 『문물연구』 29

정형지, 2006, 「조선후기 농서를 통해 본 고구마 재배기술」, 『이화사학연구』 33

정혜경, 2021, 『밥의 인문학』, 따비

조선유적유물도감편찬위원회, 1988, 『조선유적유물도감 1(원시편)』

주강현, 1998, 『조기에 관한 명상─황금투구를 쓴 조기를 기다리며─』, 한겨레신문사

주영하, 2011, 『음식인문학─음식으로 본 한국의 역사와 문화─』, 휴머니스트

_____ 2013, 『식탁 위의 한국사』, 휴머니스트

_____ 2018, 『한국인은 왜 이렇게 먹을까?—식사 방식으로 본 한국 음식문화사—』, 휴머니스트

최학근, 1990 『증보 한국방언사전』, 명문당

최해춘, 1977, 『쌀을 알자』, 신구문화사

한국농촌경제연구원, 1984, 『보리의 생산 및 소비정책 방향』

한국정신문화연구원 편집부, 1995, 『古文書集成 22 : 靈巖 南平文氏篇(Ⅱ)』

한국토지공사토지박물관·연천군, 1999, 『연천 호로고루 정밀지표조사보고서』

황교익, 2011, 『한국음식문화박물지』, 따비

황금연, 2021, 「고구마·감자의 접촉과 어휘사」, 『어문논집』 86

황대화, 2022, 「낱말 '고추'의 형성에 대하여」, 『중국조선어문』 238

渡辺實(와타나베 미노루) 저, 윤서석 외 8인 역, 1998, 『일본식생활사』, 신광출판사 (1964, 『日本食生活史』, 東京: 吉川弘文館)

石毛直道(이시게 나오미치) 著, 김상보 譯, 1995, 『魚醬과 食醢의 연구』, 수학사 (1990, 『魚醬とナレズシの研究』, 東京: 岩波書店)

石毛直道(이시게 나오미치) 지음, 한복진 옮김, 2017, 『일본의 식문화사』, 어문학사 (2015, 『日本の食文化史— 石器時代から現代まで—』, 東京: 岩波書店)

篠田統(시노다 오사무) 지음, 윤서석 외 8인 옮김, 1995, 『중국음식문화사』, 민음사 (1974, 『中國食物史』, 東京: 柴田書店)

趙榮光(자오룽광) 지음, 박기숙 역, 2002, 「젓가락 문화의 연구에 관한 문제(關于箸文化 研究的若干問題)」, 『한국식생활문화학회지』 17-3

竹國友康(다케구니 도모야스) 지음, 오근영 옮김, 2014, 『한일 피시로드-흥남에서 교토까지-』, 따비 (2013, 『ハモの旅, メンタイの夢—日韓さかな交流史』, 東京: 岩波書店)

Bishop, Isabella B.(이사벨라 버드 비숍) 지음, 이인화 옮김, 1994, 『한국과 그 이웃 나라들』, 살림 (1898, *Korea and her Neighbours*, London: John Murray)

Braudel, Fernand(페르낭 브로델) 지음, 주경철 옮김, 1995, 『물질문명과 자본주의 Ⅰ-1』, 까치 (1979, *Civilisation matérielle, économie et capitalisme*, tome Ⅰ, Paris: Librairie Armand Colin)

Dallet, Claude-Charles(샤를르 달레) 저, 정기수 역, 1981, 『조선교회사 서론』, 탐구당 (1874, *Histoire de l'Église de Corée*)

Fairbank, John K.(존 K. 페어뱅크) 저, 중국사연구회 역, 1994, 『신중국사』, 까치 (1992, *China: A New History*, Cambridge, Massachusetts: Belknap Press of Harvard University Press)

Griffis, William. E.(윌리엄. E. 그리피스) 著, 신복룡 譯註, 1976, 『은자의 나라 한국』, 탐구당 (1882, *Corea, The Hermit Nation: Political and Social Corea*)

Hamel, Hendrik(헨드릭 하멜) 저, 김창수 역, 1988, 『하멜표류기』, 을유문화사 (1668, *The Journal of the Unfortunate Voyage of the Jaght the Sperwer*)

Harris, Marvin(마빈 해리스) 지음, 박종렬 옮김, 1996, 『문화의 수수께끼』, 한길사 (1975, *Cows, Pigs, Wars and Witches: The Riddles of Culture*, London: Hutchinson)

Heiser Jr., Charles B.(찰스 B. 헤이저 2세) 지음, 장동현 옮김, 2000, 『문명의 씨앗, 음식의 역사』, 가람기획 (1973, *Seed to Civilization: the Story of Food*, Cambridge: Harvard University Press)

Montanari, Massimo(맛시모 몬타나리) 지음, 주경철 역, 2001, 『유럽의 음식 문화』, 새물결 (1993, *La fame e l'abbondanza. Storia dell'alimentazione in Europa*, Roma: Laterza)

Stewart, Katie(케이티 스튜어트) 저, 이성우 외 4인 편역, 1991, 『食과 요리의 세계사』, 동명사 (1975, *Cooking and Eating*, London: Hart-Davis, MacGibbon)

Wang, Q. Edward(Q. 에드워드 왕) 지음, 김병순 옮김, 2017, 『젓가락-동아시아 5,000년 음식문화를 집어 올린 도구-』, 따비 (2015, *Chopsticks: A Cultural and Culinary History*, Cambridge: Cambridge University Press)

Канцелярiи Министра Финансоры(러시아 재무부 사무국), 1984, 『國譯 韓國誌』, 한국정신문화연구원 (1900, *Описанiе Кореи*)

小倉進平, 1943, 「稻と菩薩」, 『民族學硏究』 新1-7

王仁湘, 1993, 『飮食與中國文化』, 北京: 人民出版社

Needham, Joseph & Bray, Francesca, 1984, *Science and Civilisation in China*, Vol.6-2(Agriculture), Cambridge: Cambridge University Press

Starostin, S. A., Dybo, A. V., Mudrak, O. A., 2003, *Etymological Dictionary of the Altaic Languages*, Leiden: Brill

찾아보기

ㄱ

가사협(賈思勰) 133
가와지 유적 45
가자미식해 215
가장(家獐) 191
가저(家猪) 187
가포육영(家圃六詠) 139
각기병(脚氣病) 164, 288
간고등어 209, 285
간중미(間中米) 50
간흡충 211
갈돌 30, 31
갈비(乫飛) 179
갈판 30, 31
감동저(甘冬菹·感動菹) 148, 149
감자 70, 103, 104, 110, 171, 230, 235~239
감자떡[甘藷餠] 235
감저보(甘藷譜) 234
감홍로(甘紅露) 249, 255
강계현(姜啓賢) 235
강필리(姜必履) 234, 235
강희안(姜希顔) 22
개꽃 22, 23
개다리소반 279, 281
개색(改色) 40

개성배추 140
개장[狗醬] 191
개찜 191
거가필용(居家必用) 117
건마육(乾馬肉) 185
건석어(乾石魚) 204
건진국수 109
겉보리[皮麥] 63
겨자[芥子] 163, 171, 172
결구배추 140, 141
경국대전(經國大典) 48, 50, 60, 65, 101
경도잡지(京都雜志) 107
경상도지리지(慶尙道地理志) 50
경신대기근(庚申大飢饉) 222
계림유사(鷄林類事) 43, 269
고구마 104, 229, 230, 233~239, 257
고금석림(古今釋林) 203
고려도경(高麗圖經) 101, 177, 246
고범선(藁帆船) 201
고소리술 127, 255
고수[胡荽] 162, 163
고음(膏飮) 180
고자(告子) 15
고초(苦椒) 173
고추장 170~174, 282
고코이모(孝行芋) 234, 235

곤쟁이젓 147~149
곰국 180
공고상(公故床) 87, 88
공작미(公作米) 234
공출(供出) 40
공탕(空湯) 180
과메기(관메기) 207
관목어(貫目魚) 207
관포(官庖) 178
광흥창(廣興倉) 50
괴혈병 288
교맥(蕎麥) 101, 227
교자(餃子) 123
교침저(交沈菹) 147, 149, 150
교침채(交沈菜) 147
구급간이방(救急簡易方) 172
구장(狗醬) 191
구족반(狗足盤) 279, 281
구증(狗蒸) 191
구황촬요벽온방(救荒撮要辟瘟方) 155, 156
국밥 274
국수틀 103, 108, 109, 111, 112, 115
국화병(菊花餠) 24
국화주 256
굴뚝관메기[烟貫目] 213
굴비 204
권농문(勸農文) 178
귀츨라프(K. Gützlaff) 237
규곤요람(閨壼要覽) 282
규합총서(閨閤叢書) 102, 126, 149~151, 156, 183, 187, 188, 197, 235
균세사(均稅使) 205
그루갈이[根耕] 64
그리피스(W. E. Griffis) 92
글루텐(gluten) 100, 102, 288
금양잡록(衿陽雜錄) 244
금화자잡편(金華子雜編) 76
급재(給灾) 64
기산풍속도첩(箕山風俗圖帖) 112
기주(起酒) 128
김려(金鑢) 205
김유(金綏) 151
김육(金堉) 155, 156
김일손(金馹孫) 165
김정국(金正國) 149
김종직(金宗直) 252
김준근(金俊根) 112
김진(金縝) 255
꿩고기 102, 103, 115, 117, 123, 124, 127, 128, 151, 152, 178, 196, 198, 206, 213
꿩김치 151

ㄴ

나레즈시(熱鮨) 215
나복(蘿葍·蘿葍) 137, 139
나화(羅花·剌花) 108, 118~120
난로회(煖爐會) 181, 182
난호어목지(蘭湖漁牧志) 206, 208
날가(剌茄) 171
남감자 235

남만초(南蠻椒) 171, 172
납면(拉麵) 109, 114, 115
납작보리[壓麥] 62
낮것[晝物] 83
낮밥[晝飯·午飯] 78~80, 83, 85, 86, 91
낮수라[晝水刺] 86
낮점심[晝點心·午點心] 79, 80, 85, 86
내훈(內訓) 155, 156
냉면 102~104, 110, 111, 191, 196, 239
너비아니 181
노수신(盧守愼) 212
노야기[香薷] 144
노주(露酒) 254
녹두가루 102, 104, 115, 117, 119, 120
녹두나화 119, 120
녹말(綠末) 24, 30
녹말(菉末) 104
녹봉(祿俸) 39, 48, 50~53, 65, 66
논벼 44
농가집성(農家集成) 178
농마국수 104, 239
농사직설(農事直說) 63, 65
누룩 101, 126, 127, 145, 215, 244, 247, 249, 258
느름적[於音炙] 184
느릅나무 227
늑대인간 220
는쟁이냉이[山芥, 산갓] 142
능개재만록(能改齋漫錄) 76

ㄷ

다담(茶啖) 83
다쿠안쓰케(澤庵漬) 132
단무지 158
달레(C. C. Dallet) 92, 256
닭개장 191
당청(唐菁) 137, 138
대구(大口) 151, 202, 204~206, 208, 284
대구껍질느르미 206
대구껍질채 206
대동미(大同米) 52
대동운부군옥(大東韻府群玉) 91
대마도(對馬島) 233~235
대만두(大饅頭) 123
대맥(大麥) 62
대미(大米) 52, 53, 60
댓무 137~140
더덕좌반[山蔘·沙蔘佐飯] 129
덴메이대기근(天明大飢饉) 221
도량형(度量衡) 94, 95
도문대작(屠門大嚼) 24, 203, 204, 207, 208
도미(稻米) 60
도인주(桃仁酒) 244
도정(搗精) 46, 50
도정수율(搗精收率) 49
도제비(刀齊非·刀齊飛) 104, 110, 116
도토리술[橡實酒] 244
돈가스 187
돌솥 30

동과백하해교침저(冬苽白蝦醢交沈菹) 150
동국세시기(東國歲時記) 126, 179
동국여지승람(東國輿地勝覽) 205, 207
동국이상국집(東國李相國集) 250
동문유해(同文類解) 155, 156, 159
동아[冬瓜] 125, 137, 142, 143, 150
동아만두[冬瓜饅頭] 125
동의보감(東醫寶鑑) 187
동자과교침자하해(童子瓜交沈紫蝦醢) 147
동치미 102, 103, 139, 144, 154
동태(凍太·冬太) 207
두견전(杜鵑煎) 24
두시언해(杜詩諺解) 21, 158
두창경험방언해(痘瘡經驗方諺解) 156
디엔신(點心) 76
딤섬(點心) 76
떡국 107, 196, 198
떡볶이 282
똥돼지 194, 195
뜨덕국 117

ㄹ

라이신(lysine) 70
라파누스(raphanus) 137
런치(lunch) 8, 78
런치왜건(lunchwagon) 78
레비스트로스(C. Levi-Struas) 170
롱하(lonja) 78

ㅁ

마늘 142, 146, 150, 163, 164, 168, 171, 174, 181, 288
마령서(馬鈴薯) 237
마비키(間引) 221
마의(馬醫) 186
마지기[斗落] 169
마태복음 16
막걸리 243, 247, 248, 250, 285
막국수 104
막누룩 247
만기요람(萬機要覽) 52
만두(饅頭) 76, 98, 106, 117, 118, 122~125, 127, 128, 266
만둣국[饅頭湯] 123, 128
만주(饅頭) 122
만청(蔓菁) 138
만초(蠻椒) 171
만초장(蠻椒醬) 174
만터우(饅頭) 122
말라리아(malaria) 71, 72
망종(芒種) 189, 228
매[鷹] 198, 199
매조미 48
매통 48
맥령(麥嶺) 63
맥적(貊炙) 184
맥켄지(F. A. MacKenzie) 286
맹자(孟子) 15
메밀가루 99, 101, 102, 106, 113, 117, 123, 124, 126

메밀국수 103, 106
메밀밥 229
메조 60, 61
메주 145, 171
메추라기 196
멧돼지 186~188, 194
면(麵·麪·糆) 98, 106, 122
면건달(麵乾獺) 292
면본(麵本) 292
면자(麪榨) 111
면흘달(麵紇獺) 116, 120, 292
멸어(蔑魚) 204
멸치 204~206, 284
명란젓[明太卵醢] 29, 208
명태(明太) 202, 206, 208, 215, 216, 284
명태식해 104
모내기 15, 64, 68, 82, 189
모점심(暮點心) 79
목말(木末) 101
목미(木米) 101
목은고(牧隱藁) 250
몬타나리(M. Montanari) 153
몽어유해(蒙語類解) 180
무등리 2보루 45, 48
무령왕릉(武寧王陵) 267
무염침채(無鹽沈菜) 144
무천(舞天) 243
무청(蕪菁) 131, 138
묵재일기(默齋日記) 169, 208
물만밥 76, 77

미나리김치[芹菹] 133
미륵하생경(彌勒下生經) 16
미소(味噌) 145
미소시루(味噌汁) 273
미암일기(眉巖日記) 52, 139, 168, 169, 208
미어(微魚) 204
밀가루 98~102, 106, 114~119, 112~126, 128, 247, 258, 266, 288
밀국수[小麥麪] 183
밀기울 100, 126, 144, 224, 247

ㅂ

바사시(馬刺し) 185
박만정(朴萬鼎) 203
박일원(朴一源) 94, 223
박제가(朴齊家) 58, 140, 187, 190
박지원(朴趾源) 59
박타령 93
박탁(餺飥) 118~120
박통사언해(朴通事諺解) 109
반결구배추 140, 141
반고한(晩ご飯) 19
반백미(飯白米) 52
반분반류(半分半留) 39
반유십이합설(飯有十二合說) 29
반인(泮人) 179
반중잡영(泮中雜詠) 78
방언유석(方言類釋) 294
밭벼 44, 60

배채[白菜] 293
배추김치 124, 131, 137, 141
백미(白米) 46, 48~55, 203
백미밥 46, 53, 54, 272
백석(白石) 103
백설기[白雪糕] 98, 99
백언(白彦) 148
백주(白酒) 246, 249
백탁주(白濁酒) 247
백화주(百花酒) 25
번답(反畓) 44
번역박통사(飜譯朴通事) 159
번초(番椒·蕃椒) 171
법주(法酒) 249
법화경언해(法華經諺解) 149
별작면(別作麪) 114
병(餠) 106, 107
병조림 212
보리밥 41, 63, 260
보리쌀[麰米] 43
보릿고개 40, 63, 224
보쌈김치 140
복어[河豚] 210
봉받이 199
부의주(浮蟻酒) 249~251
부추김치[韭菹] 133
북감저(北甘藷) 235, 237
북어(北魚) 151, 207, 208
북저(北藷) 237
북학의(北學議) 187

분디 144, 165
분통 109, 111
분틀 103, 108, 111
불고기 184
붕어[鮒魚·鯽魚] 210
붕어식해 215
붕어찜 210
브랜디(brandy) 253, 256
브렉퍼스트(breakfast) 81, 82
브로델(F. Braudel) 177
비숍(I. B. Bishop) 38, 188, 285
비웃 206, 207
비타민 163, 164
빈대풀 163
빙허각 이씨(憑虛閣 李氏) 149
빠웅(pão) 125

ㅅ
사기(史記) 16
사도세자(思悼世子) 260
사면(絲麪) 115
사성통해(四聲通解) 116, 120
사쓰마이모(薩摩芋) 235
사옹원(司饔院) 210
사이짓기[間種] 64
사재집(思齋集) 149
삭임 100, 126
삭짓기 48
산가요록(山家要錄) 114, 117~119,
    136, 137, 139, 144, 215,
    250, 287

산도(山稻) 44
산료제(散料制) 53
산림경제(山林經濟) 117, 183, 186, 188, 254
산미증식계획(産米增殖計畫) 36, 41
산저(山猪) 187
산적(散炙) 184
산초(山椒) 144, 164, 165, 167~169, 171~173
삼기작(三期作) 68
삼모작(三毛作) 68, 69
삼수미(三手米) 52
삼양주(三釀酒) 249, 259
삼포제(三圃制) 67
삼해주(三亥酒) 248, 249, 259
상경연작(常耕連作) 68
상애떡 126
상중미(常中米) 50
상화(床花) 83
상화(霜花) 108, 125~128
상화가루 126
상화떡(霜花餠) 126, 128
새옹 30
생강(生薑) 146, 150, 151, 163, 168, 169, 174, 214, 255
생복(生鰒) 214
생치(生雉) 152, 196, 213
생치식해(生雉食醢) 215
생치저비(生雉箸飛) 117
생치침채(生雉沈菜) 196
생태(生太) 207

샹차이(香菜) 162
서거정(徐居正) 261
서긍(徐兢) 101
서박저(胥薄菹) 147, 150
서성(徐渻) 248
서영보(徐榮輔) 236
서울배추 140
서유구(徐有榘) 59, 111, 118, 147, 206, 208
석두어(石頭魚) 204
석명(釋名) 184
석보상절(釋譜詳節) 21
석봉천자문(石峰千字文) 155, 157
석수어(石首魚) 204
석어(石魚) 204
석전제(釋奠祭) 85
석점심(夕點心) 79
섞박지 131, 147~151, 158
선농단(先農壇) 180
설렁탕 180, 181
설리적(雪裏炙) 181~184
설문해자주(說文解字注) 184
설야멱(雪夜覓) 182
설야적(雪夜炙) 182
설하적(雪下炙) 182
성균관(成均館) 78, 85, 179, 191
성현(成俔) 91
성호사설(星湖僿說) 84, 92, 231
세면(細麪) 115
세미(稅米) 39
세조(世祖) 165, 286, 287

세종(世宗) 22, 85, 86, 165, 166, 172, 180, 185, 282
세종실록 지리지(地理志) 205, 207
소국주(小麴酒) 248
소만두(素饅頭) 128
소맥(小麥) 62, 101
소문사설(謏聞事說) 151, 174, 186, 287
소미(小米) 60
소바(蕎麥) 106, 229
소반(小盤) 276~281
소병(燒餠) 107
소빙기(little ice-age) 222
소안심 183
소자주(蘇子酒) 244
소작료 39
소종계용하기(小宗契用下記) 93
소주(燒酒) 127, 172, 246, 252~257, 259
소줏고리 253, 255
소학언해(小學諺解) 155, 156
손목(孫穆) 43, 269
손정규(孫貞圭) 180
솔잎 226
송기(松肌) 226
송시열(宋時烈) 178
송저[菘菹] 139
쇄미록(瑣尾錄) 109, 116
수교의[水糕兒] 124
수나화[水剌花] 119
수라[水剌] 75

수서(隋書) 45
수수쌀[蜀黍米] 43
수신기(搜神記) 184
수운잡방(需雲雜方) 151, 168, 174, 216
수육[熟肉] 179
수자병(水煮餠) 116
수저비(水低飛) 116
수제비 98, 100, 108, 116~118, 120
수활경대면(水滑經帶麵) 109
숙저육(熟猪肉) 179
순무 244, 127, 128, 136~140, 143, 144, 150, 151, 169
순무김치[菁菹] 133, 144
순창고추장 174
숟가락 117, 144, 265~274
술밑[酒母·酒本] 248, 249
술지게미 134, 145, 248
술루 180
스시(寿司) 8, 215, 216
식면 115
시경(詩經) 133, 265
시루 31, 33, 34, 98, 124
시의전서(是議全書) 181
시저(匙箸) 268
식료찬요(食料纂要) 118, 287
식의(食醫) 287
식치(食治) 286, 287
식해(食醢) 8, 59, 214~216
신선로(神仙爐) 181, 182
신속(申洬) 178
신증유합(新增類合) 156

신흠(申欽) 18
심의(心醫) 286
쌀겨[米糠] 48, 49, 51, 54, 56
쌀밥 8, 36, 38, 43, 58~60, 63, 67, 72, 93, 130, 215
쌀보리[裸麥] 63
쌍형어(雙形語, doublet) 20, 24
쌍화점(雙花店) 126
쓰케모노(漬物) 132, 135, 145, 159

ㅇ

아라길[阿剌吉] 252
아락(araq) 252, 254
아랭이술 252
아로나민 164
아리걸(阿里乞) 252
아사고한(朝ご飯) 19
아언각비(雅言覺非) 63
아차라(achara) 132
아차르(acar) 156
아침밥 19, 22, 75, 79, 81, 82, 91
아학편(兒學編) 42
안남미(安南米) 99
앉은뱅이밀 163
알리신(allicine) 163
알리티아민(allithiamine) 163
압면(壓麵) 109~111, 115
앙빵 125
애주(艾酒) 244
액젓 147, 206, 217
야저(野豬) 187

약과(藥果) 119
약산춘(藥山春) 248, 249
약의(藥醫) 287
약주(藥酒) 248, 259
약치(藥治) 286
약침채(藥沈菜) 158
양만두(胖饅頭) 125
양맥(兩麥) 62, 63
양식해(䐈醢) 215
양화소록(養花小錄) 23
어간장 217
어만두(魚饅頭) 125
어식해(魚食醢) 215, 216
어염세(漁鹽稅) 205
어우야담(於于野談) 148
어육김치(魚肉김치) 151
어장(魚醬) 217
어장찜[魚腸蒸] 206
어채(魚菜) 83
언해두창집요(諺解痘瘡集要) 158
엄채(醃菜) 133
여씨춘추(呂氏春秋) 133
여지도서(輿地圖書) 203, 205
역어유해(譯語類解) 155, 231
역어유해보(譯語類解補) 155
역이기(酈食其) 16
열구자탕(悅口子湯) 181
열양세시기(洌陽歲時記) 124
염지(鹽漬) 133
염채(鹽菜) 133

영아살해(infanticide) 221
영접도감(迎接都監) 127, 148
예기(禮記) 14, 189
오미자국 24, 120
오이소박이 168, 174
오이피클 131
오점심(午點心) 79
오주연문장전산고(五洲衍文長箋散稿) 85, 93, 174, 207, 213, 249, 252
오희문(吳希文) 104, 108, 198, 199
옥수수 36, 70, 71, 104, 113, 228, 230~233, 239
옥촉서(玉蜀黍) 231
올챙이국수 114
올챙이국수틀 113
옹손(饔飧) 75
옹희잡지(饔饎雜志) 147
완판(晚飯) 19
왕겨 39, 48, 51, 54
왜겨자[倭芥子] 171, 172
왜어유해(倭語類解) 155, 156
왜철쭉[倭躑躅] 22, 23
요기(療飢) 80
요록(要錄) 144
욕식(褥食) 82
용수 244, 248
용재총화(慵齋叢話) 91
우금(牛禁) 258
우동 109, 112, 120, 123, 229, 288
우스다 잔운(薄田斬雲) 112
우심(牛心) 183

우엉박탁[牛蒡餺飥] 292
우장춘(禹長春) 141
우해이어보(牛海異魚譜) 205
웅어[葦魚] 210
원미식혜(元米食醯) 216
원예1호, 원예2호 141
원행을묘정리의궤(園幸乙卯整理儀軌) 102, 124, 127, 180
유고한(夕ご飯) 19
유구(琉球) 166
유득공(柳得恭) 107
유밀과(油蜜果) 100
유병(油餠) 107
유서주(柳絮酒) 249
유성룡(柳成龍) 168
유의양(柳義養) 94
유중림(柳重臨) 30
유희춘(柳希春) 52, 139, 155, 156, 168, 169
육개장 179, 180, 191
육도(陸稻) 44
육포(肉脯) 179
윤구연(尹九淵) 260, 261
윤기(尹愭) 78
윤작(輪作) 67
율무밥 233
율무쌀[薏苡米] 43
율무죽 82
은구어(銀口魚) 210
을병대기근(乙丙大飢饉) 22
음식남녀(飮食男女) 14

찾아보기

음식디미방 119, 124, 213, 244, 251
응방(鷹坊) 199
응사(鷹師) 199
응이[薏苡] 82, 233
의림촬요(醫林撮要) 185
의식동원(藥食同源) 287
의약론(醫藥論) 286
이강고(梨薑膏) 255
이광려(李匡呂) 235
이규경(李圭景) 85, 92, 93, 203, 207, 249, 252
이규보(李奎報) 136, 250
이극돈(李克墩) 91
이덕무(李德懋) 92, 165, 252
이른밥 76, 81, 82, 84, 91
이만영(李晩永) 116, 148
이모작(二毛作) 64, 68
이문건(李文楗) 79, 85, 169, 199
이밥(니밥) 8, 43
이방우(李芳雨) 256
이색(李穡) 203, 250, 252, 253
이수광(李睟光) 172, 187, 256
이시필(李時弼) 150, 287
이앙(移秧) 64
이용기(李用基) 180
이유원(李裕元) 58
이의봉(李義鳳) 203
이익(李瀷) 84, 92, 231
이인로(李仁老) 166
이재난고(頤齋亂藁) 28
이준(李浚) 86

이중환(李重煥) 69
이화전(梨花煎) 24
이화주(梨花酒) 247
인구압(人口壓) 41
인디카(indica) 42, 44, 58
인절미[引切餠] 105, 106
임원경제지(林園經濟志) 59, 111, 114, 115, 118, 119, 121
입쌀(니쁠) 43
잉어[鯉魚] 210

ㅈ

자릿조반 82
자반고등어 29
자산어보(玆山魚譜) 203, 206
자오쯔(餃子) 123
자오판(早飯) 19
자우어크라우트(Sauerkraut) 132
자포니카(japonica) 40, 42~44, 55
자하(紫蝦) 147, 148
자하청과교침저(紫蝦靑苽交沈菹) 149
잣술[栢子酒] 244
장건(張騫) 166
장과아(醬瓜兒) 159
장란형토기(長卵形土器) 31
장미병 291
장미전(薔薇煎) 24
장아찌 132, 158, 159, 165
장영(張英) 29
재물보(才物譜) 116
저(菹·葅) 133, 155

저갈비(猪乫飛) 179
저권(猪圈) 194, 195
저녁밥 19, 22, 75, 81
저피식해(猪皮食醢) 215
전미(田米) 60
전복김치 151
전석(全石) 95
전순의(全循義) 118, 287
전유화(煎油花) 83
전파주의(diffusionism) 134
절면(切麵) 108~110
절육(切肉) 83
점심(點心) 76, 79, 80
젓가락 80, 264~275
젓갈 130, 134, 143, 147~153, 204, 207, 209, 212, 216, 217, 289
젓국 149~151, 204, 217
정약용(丁若鏞) 15, 59, 63, 66, 106, 190, 200, 201
정약전(丁若銓) 190, 200, 205
정여창(鄭汝昌) 185
정참(鄭傪) 76
정창원(正倉院) 133
제물국수 109
제민요술(齊民要術) 133, 145
제비국[齊非湯] 292
제육[猪肉] 186
제주도 38, 44, 123, 127, 185, 194, 205, 206, 236, 255
제피 165
제현율(製玄率) 49

젠피 165
조기 151, 202~204, 214, 216, 284
조미(糙米·造米) 48, 50~53
조반(早飯) 76, 81, 82
조밥 59~61, 216
조석(朝夕) 75, 84
조선관역어(朝鮮館譯語) 44
조선교회사(朝鮮敎會史) 92, 256
조선만화(朝鮮漫畫) 112
조선무쌍신식요리제법(朝鮮無雙新式 料理製法) 180
조선배추 141
조선상식문답(朝鮮常識問答) 255
조선요리(朝鮮料理) 180
조선요리학(朝鮮料理學) 180
조선총독부통계연보(朝鮮總督府統計 年譜) 37, 57, 232, 238
조세(租稅) 39, 49, 50, 64
조엄(趙曮) 234, 235
조운(漕運) 50
조포석기(朝飽夕飢) 92
족계용하기(族契用下記) 93
좁쌀[粟米] 45, 50, 59, 65
좌반(佐飯) 29
주금(酒禁) 258
주물(畫物) 83
주방문(酒方文) 126, 158
주별미(畫別味) 83
주선(畫饍) 86
주세령(酒稅令) 245
주세법(酒稅法) 244

주식시의(酒食是議) 124
주자(朱子) 178
주자가례(朱子家禮) 243
주찬(酒饌) 150, 244
주초침저방(酒醋沈菹方) 150
죽력고(竹瀝膏) 255
죽순김치[筍菹] 133
준화(樽花) 24
중미(中米) 48, 50~53
중화(中火) 86
즙저(汁菹) 145
증돈(蒸独) 186
증병(蒸餠) 107
증보산림경제(增補山林經濟) 30, 121, 173, 174
증편[蒸片·蒸餠] 98, 99
지리렌게(散蓮華) 271
지봉유설(芝峯類說) 172, 187, 256
지초[紫草·芝草] 254
진가루[眞末] 101
진달래[杜鵑花] 22~24
진맥(眞麥) 101
진북학의(進北學議) 58, 140
진청(眞菁) 138
진청근(眞菁根) 139
집돼지 186~188, 194
집장[汁醬] 144
징비록(懲毖錄) 168
짠지 131, 158
찐빵 125, 126

ㅊ

차조 60
찰보리 62
참꽃 22, 23
참새좌반[雀佐飯] 29
창면(昌麵·暢麵) 114, 120, 121
창포저(菖蒲菹) 133
창포주(菖蒲酒) 244
채화(綵花) 24
천안고추장 174
천엽만두(千葉饅頭) 125
천자문(千字文) 155
천초(川椒) 164
철경록(輟耕錄) 76
철쭉[躑躅] 22, 23
첩해신어(捷解新語) 155, 156
청근(菁根) 139
청어(靑魚) 200, 203, 207, 208, 213, 214, 216, 284
청장관전서(靑莊館全書) 92
청주(淸酒) 246, 248~251, 255, 256, 259
청주(菁酒) 244
청포묵 120
청해(菁醯) 151
초간장[醋醬] 124, 128, 206
초림(椒林) 165
초시(椒豉) 172, 173
초장(椒醬) 172, 173
초조반(初早飯) 84
초피나무(조피나무) 164, 165

최남선(崔南善) 255
최세진(崔世珍) 116, 120, 155, 156
최영년(崔永年) 183
추어(鰍魚) 204
춘기(春飢) 63
춘태(春太) 207
충주반(忠州盤) 179, 281
치계시탄가(雉鷄柴炭價) 197
치저(雉菹) 151
칡 201, 225
칡소 283
침저(沈菹) 133
침지(沈漬) 133
침채(沈菜) 132, 133, 142, 154, 156, 159
침채만두(沈菜饅頭) 124

ㅋ
칼국수 109, 110, 116, 120
콩가루 227
콩자반 29

ㅌ
탁주(濁酒) 126, 246~256, 259
탁지지(度支志) 52, 94, 223
탄화미(炭化米) 45
탐라총관부(耽羅摠管府) 185
탕병(湯餠) 107
탕츠(湯匙) 271
택리지(擇里志) 69
탹면 121

토란 225, 229, 234, 235
통시 194
통신사(通信使) 93, 234
통영반(統營盤) 281
통일벼 42
통조림 212
티아민(thiamine) 163

ㅍ
파오차이(泡菜) 132, 134
파한집(破閑集) 166
펠라그라(pellagra) 70, 232
평석(平石) 95
평양냉면 103
평양우(平壤牛) 283
평저선(平底船) 201
폐흡충 211
포이에르바흐(L. Feuerbach) 7
포크(fork) 8, 171, 264, 265
표고좌반(蔈古佐飯) 29
필원잡기(筆苑雜記) 261
핑거볼 264

ㅎ
하멜(H. Hamel) 38
하삼도(下三道) 58, 65
하지감자 237
한국지(韓國誌) 38, 188
한도(旱稻) 44
한청문감(漢淸文鑑) 155, 156, 159

할맥(割麥) 62
할미꽃[白頭翁] 144
함채(鹹菜) 133
함흥냉면 103, 104
합주(合酒) 279, 281
해동죽지(海東竹支) 183
해저(醢菹) 147
해주냉면 103
해주반(海州盤) 279, 281
행어(行魚) 204, 205
행자목(杏子木) 279
향과저(香苽菹) 168, 169, 174
향신료(香辛料) 153, 162~166, 170, 171, 211
향약구급방(鄕藥救急方) 137, 140
향약집성방(鄕藥集成方) 172
허균(許筠) 24, 203, 208
현미(玄米) 46, 48~50, 53~55
현미밥 50, 53, 54, 272
현방(懸房) 179
현백율(玄白率) 49
형개(荊芥) 144
혜경궁 홍씨(惠慶宮 洪氏) 83, 105, 191
호도(餶飿) 119, 120
호두술[胡桃酒] 244
호배추(胡배추) 141
호산춘(壺山春) 249
호족반(虎足盤) 279, 281
호화(糊化: gelatinization) 29, 30, 33, 62
혼돈(餛飩) 123
홍로주(紅露酒) 254, 255
홍만선(洪萬選) 117, 186
홍석모(洪錫謨) 126
홍선표(洪善杓) 180
화면(花麵) 24
화어유해(和語類解) 156
화전(花煎) 24, 25
화주(火酒) 253
화채(花菜) 24
황과담저(黃瓜淡菹) 173, 174
황육(黃肉) 179
황윤석(黃胤錫) 28, 169, 208, 247
황정견(黃庭堅) 107
효모(酵母) 98, 100, 101, 122, 125~127
후추[胡椒] 166~169, 171, 173
후추탕[胡椒湯] 169
후춧가루 107, 124, 153, 169, 174
후한서(後漢書) 243
훈몽자회(訓蒙字會) 20, 106, 120, 127, 155~157, 172, 233
흑산도(黑山島) 190, 200, 203, 206
흰죽[白粥] 29, 81

동북아역사재단 교양총서 33

한국식생활문화사

제1판 1쇄 발행일 2024년 7월 15일

지은이 정연식
발행인 박지향
발행처 동북아역사재단

출판등록 제312-2004-050호(2004년 10월 18일)
주소 서울시 서대문구 통일로 81 NH농협생명빌딩
전화 02-2012-6065
팩스 02-2012-6154
홈페이지 www.nahf.or.kr
제작·인쇄 청아출판사

ISBN 979-11-7161-122-5 04910
　　　978-89-6187-406-9 (세트)

* 이 책은 저작권법으로 보호를 받는 저작물이므로 어떤 형태나 어떤 방법으로도 무단전재와 무단복제를 금합니다.
* 책값은 뒤표지에 있습니다. 잘못된 책은 바꾸어 드립니다.